Vivencias que cambian vidas

Adriana Ruvalcaba

Editado por **SER Editorial**

Corrección de estilo: **Flor A. Gómez**

Diseño editorial: **Alejandra Padilla**

ISBN: 978-607-97055-3-4

N° de registro: en trámite

Primera edición, octubre 2016

Impreso en México / Printed in Mexico

Vivencias
que cambian
vidas

A Dios por regalarme la vida.

Un agradecimiento especial para Dámaso mi esposo, por caminar junto a mí en las buenas, en las malas y en las peores.

A mis hijos Valentina, Dámaso y Adriano por ser mi inspiración y hacerme creer todos los días que soy la mamá más bella.

A mis padres, Héctor Ruvalcaba y Ma. de Jesús Mejía por ser mi mejor ejemplo de vida.

A Gaby, Sergio, Mary, Nacho, Héctor, Jennie, Marifer, Gabi, Daniela, Sergio, Emilio, Marisela y Beto, por estar siempre en cada momento importante y ser mi soporte de vida.

A mi correctora Adriana Gozuh por su confianza, su amistad y por trasmitirme su pasión por la escritura.

A Luis Carlos Frías y Gustavo Goñi por la amistad que nos une y por haberse tomado el tiempo de leer esta obra y regalarme unas maravillosas palabras que conforman el prólogo.

A cada uno de los que aparecen en este escrito porque a ellos les debo mis grandes aprendizajes de vida.

A mis suegros, Francisco y Lidia por su apoyo incondicional.

A Darío, Alejandra, Dante, Judith, Dariel, Dante,

Anni, Camila, Diego, Carola por todo el cariño hacia mi persona.

A mis queridos amigos Rats por enseñarme que la verdadera amistad no tiene fecha de caducidad.

A mis amigos "corredores" por su ejemplo y solidaridad.

A mi familia espiritual FRANCARE por sus oraciones.

A mi familia Ruvalcaba, Mejía y Acosta por darme siempre motivos para reír.

A mis amigas del alma "Pandis" por su sincera amistad.

A mis amigos del "Cervantes" por su confianza.

A mis "Luciérnagas" por su entrega y amor al prójimo.

A mis amigos de la 880 AM y de ESNE TV por ser mis cómplices en esta ardua labor de intentar llevar el Evangelio a todos los rincones del mundo.

A mis amigas Sunrise por su cariño y apoyo incondicional.

Te agradezco a ti mi querido lector, porque fuiste el principal motivo para atreverme a escribir mis vivencias.

CONTENIDO

Prólogo *11*

Capítulo I *15*
Defendamos la familia para tener un mundo en equilibrio

Capítulo II *31*
Amar a tu prójimo y darse sin medida

Capítulo III *47*
La vocación al matrimonio

Capítulo IV *67*
Confía en mis palabras

Capítulo V *81*
Premoniciones: lo que no se ve

Capítulo VI *99*
Un huésped incómodo

Capítulo VII *119*
El perdón: fuente de vida

Capítulo VIII *137*
Niños del paraíso

Capítulo IX *157*
Los más pobres entre los pobres

Capítulo X *177*
Valentina

PRÓLOGO

Abordar el tema de la familia, de las virtudes y de los valores como normas indispensables de vida y convivencia social, siempre es útil e interesante. Sin embargo hay diversas formas de hacerlo: a nivel de enciclopedia o testimonial. Ambas son buenas, aunque muy diferentes. Lo que este libro nos ofrece no es un conocimiento que simplemente instruye, sino una vivencia que conmueve y motiva a vivir la fe en coherencia con la vida diaria.

A partir de esta óptica, se descubre que no es lo mismo hablar sabiamente del perdón desde una cátedra inmaculada, que testimoniar el proceso cuesta arriba del perdón en la frontera existencial de quien ha visto vulnerados sus intereses, su economía, su vida familiar y su paz a causa de un fraude.

Tampoco da lo mismo hablar de la caridad cristiana estando en torno a una bulliciosa mesa de café dominical, que testimoniar el interior gozo de adorar a Jesús Eucaristía junto a un grupo de pepenadores en una capillita construida en medio de un basurero.

Mucho menos es lo mismo hablar de la urgente solidaridad para con el necesitado, estando para ello sentado en un mullido sillón, que arriesgar la propia vida, entre las embravecidas olas, para salvar la del prójimo en apuro.

El cristiano; es decir, el seguidor de Cristo, está llamado a dar testimonio de su fe en el Resucitado a la manera como lo hizo Él, que pasó por el mundo haciendo el bien (cfr. Hch 10,38). La Sagrada Escritura da testimonio de que Jesús enseñó, curó, alimentó, liberó, perdonó, acogió, tuvo compasión y decidió, finalmente, darse Él mismo en alimento y entregar su vida para salvar la nuestra. Éste es el presupuesto básico e indispensable de los que nos decimos cristianos. No podemos omitir esta vivencia de amor y misericordia en la vida cotidiana, so pena de convertir la alegre radicalidad del seguimiento de Cristo en un incierto y angustioso viaje a bordo de una balsa auto botada en océano de la vida.

Que la lectura de esta autobiografía temática de Adriana Ruvalcaba sea ocasión para despertar un vivo deseo de emprender el camino de la verdadera y plena alegría; a sabiendas de que en este camino va la vida entera; y que debe ser vivida en espíritu de gozosa peregrinación. A final de cuentas… la vida tiene mucho más de peregrinación que de carrera.

Luis Carlos Frías
Director de ESNE TV México

Tuve el gusto de conocer a la autora de este libro en un viaje de misión al que fuimos invitados en la ciudad de Phoenix, Arizona en Estados Unidos y jamás imaginé que se convertiría en una excelente amiga a quien le sigo aprendiendo día a día.

En esta narrativa se van a encontrar de entrada con la

vida común de cualquier mortal de los millones que habitamos el mundo, pero con un sabor especial y particular de alguien que tiene un nombre propio, pero que también tiene que salir adelante con los retos que el mundo le va poniendo ante sí.

No entraré en detalles sobre lo que aquí habrán de encontrar porque es mejor que cada uno de ustedes lo reciba del corazón mismo de la autora, pero lo que sí les garantizo es que al final del mismo se habrán de quedar con un sabor de boca tan agradable como el mejor de los vinos.

Desnudar el alma por amor a Jesús de Nazaret más que un gusto es un privilegio de vida que lo único que nos provoca es justamente aprender a vivir de la manera correcta.

Estoy seguro que más que pequeñas historias, tendrán la oportunidad al igual que yo, de hacer un comparativo de lo que cada uno de nosotros tiene que solventar cada día de nuestra vida.

Disfruten el contenido de estas hojas y reciban el mejor de mis deseos para que su vida esté llena de amor, salud y abundancia al lado de sus mayores afectos. paz y bien para todos.

Gustavo Goñi
Escritor y conferencista católico

Capítulo I

DEFENDAMOS LA FAMILIA PARA TENER UN MUNDO EN EQUILIBRIO

El cariño, el amor, el tiempo, los momentos de juego en familia, ya estánpagados, ¡son gratis!, sólo hace falta quererlos para poder acceder a ellos.

En estos tiempos, hablar de familia se ha convertido en un tema mediático, ha sido tan atacada que de seguir por el mismo camino, será tan sólo un recuerdo del pasado. Todos debemos hacernos esta pregunta para tomar conciencia y rescatar la importancia que encierra: ¿por qué la sociedad se ha ensañado y pretende destruirla, o incluso crear nuevas formas de familia? Es un tesoro tan grande que es invaluable, no existe cantidad que pague semejante grandeza.

Al crear al hombre y a la mujer, Dios instituyó la familia humana, personas iguales en dignidad, con la finalidad de crear el bien común de sus miembros y de la sociedad. Me detengo en este párrafo pues encierra el gran secreto: *La familia es creación de Dios, por lo tanto es perfecta desde su concepción.*

El propósito de una familia deberá ser entonces para vivir:

- el bien, el amor y la trascendencia
- las mejores experiencias de un ser humano
- la unión y comprensión en su máxima expresión.

El ser humano al nacer es indefenso y frágil, es una familia quien lo acoge, alimenta y forja en valores para que el día de mañana, él repita lo aprendido y de esta manera continuemos el ciclo: seres humanos criando humanos, y no hacedores de criaturas egoístas.

Se forman comunidades de vida y de amor con cada uno de los integrantes, todos entrelazados por la misma sangre y más aún cuando la sangre no es la misma. La sana convivencia forma en las familias, lazos entrañables que resultan indivisibles. Dios en su sabiduría nos dejó este hermoso regalo: nacer dentro de una familia, así como lo hizo con Jesús, María y José (La Sagrada Familia)

Por más difícil que sea el camino de la vida, contar con el amor de la familia, hace que los pasos se amortigüen; entre ese claro-obscuro que nos muestra el día a día, tenemos la certeza de llegar a casa para ser arropados con amor y paciencia. Qué más da que esa casa no encierre lujos, si tan sólo el alma necesita cobijo.

La familia es el mejor soporte dónde recargar la cabeza cuando la vida se torna difícil. Es común escuchar la frase "Con la familia se nace y los amigos se escogen". Sin embargo, yo les digo lo siguiente: a los amigos ciertamente los escogemos pero a la familia, Dios la escogió, desde ahí tendrás todo lo necesario para hacer de tu vida, lo que Dios pensó que serías al momento de ser concebido. Esa misión es alimentada desde cada nido de amor y sin lugar a dudas, estamos en el lugar correcto, en la familia correcta. Créeme, no existen familias perfectas, existe la perfecta familia para cada uno, tal cual es.

Papá y mamá al frente del tren dirigiendo y trazando el rumbo, los hijos detrás de ellos siguiendo el camino con gran confianza y nobleza.

Precisamente en la familia es donde:

- Experimentamos confianza en el prójimo
- Comenzamos a sociabilizar
- Desarrollamos la autoestima
- Facilitamos la negociación
- Aprendemos valores
- Impulsamos la iniciativa y creatividad

El don de la vida está encomendado a la familia y es un regalo divino ser procreadores. Los hijos son dóciles pero nos complicamos la existencia cuando hacemos de nuestro hogar, un lugar pretencioso por caer en la tentación banal del mundo. Los papás viven preocupados por darle todo a los hijos, trabajan jornadas laborales extenuantes y se olvidan de lo más importante: Estar junto a ellos, jugar, reír, llorar con ellos.

Es tan sencillo lo que los hijos necesitan y no tiene costo, tan sólo necesitan saber que papá y mamá se aman, las dos personas más importantes para ellos son sus padres y verlos juntos, fortalecidos, es precisamente lo que hace que los hijos se sientan cobijados y felices, ¿qué más puede pedir un hijo si con esto lo tiene todo?

El lugar donde se fragua el futuro de la humanidad es la familia, por eso no es raro darse cuenta de los ataques constantes hacia ella. Obviamente es más útil tener familias debilitadas pues como resultado, arrojan seres inseguros, manipulables y presas fáciles para las aberrantes incitaciones de los que ambicionan el poder. Esto me parece una visión corta y deplorable pues si la sociedad enferma, enfermamos todos.

Te invito a hacer de la familia, un legado de Dios, tan digno como su creador. Es la base de la sociedad y nuestra tarea deberá ser difundir y trabajar para que en verdad, esa base siga tan firme que no existan corrientes ideológicas capaces de hacerla tambalear.

Una familia sólida tiene mayor probabilidad de aportar a la humanidad personas íntegras. El asesino, el violador, el ladrón, también se formaron dentro de una familia, ¿dónde está la diferencia? radica justamente en la familia, en sus vivencias y en el entorno que le tocó vivir. Los seres humanos no traemos códigos que nos aseguren nuestro actuar en el futuro, somos la consecuencia de lo que hemos vivido y aprendido. A continuación, quiero compartirte mi propia vivencia.

Crecí en una familia católica. Mis padres son originarios de Yahualica de González Gallo y Manalisco, pueblos hermosos de los Altos de Jalisco donde la fe es grande y las tradiciones religiosas son heredadas de generación en generación, con fervorosas manifestaciones al Señor del Encino, la Virgen de Guadalupe y san Miguel Arcángel.

Mi padre, un ser arrojado y con un ímpetu difícil de detener, a los 10 años de edad salió de su casa en Manalisco para irse a vivir con su abuelo Polino a Yahualica, pues era evidente que de seguir ahí, sería heredada la tradición de cuidar del rancho. Él, que ambicionaba otro futuro, tomó medidas y prácticamente huyó de su asegurado destino. Nos platica que se fue una mañana de casa, con tan sólo una maleta; sus padres, mi abuelo Fidencio y mi abuela Hermelinda lo acompañaron a su nuevo hogar, la casa de Polino, un señor influyente y con recursos quien lo acogió como si fuera su propio hijo. Estudió hasta la secundaria en Yahualica, pero él quería más, no le bastaba quedarse con esos conocimientos pues su ambición y su visión eran grandes. Cursó la preparatoria en Guadalajara, Jalisco, con su tía Nacha, una señora de escasos recursos y con un gran corazón. Mi papá terminó su rebeldía con un final sumamente plausible, pues logró titularse de médico cirujano, con lo que se abrió paso ante toda adversidad.

Mi madre, con una familia de 16 hermanos, vivió una bonita infancia. Cuenta que el repartidor del pan llegaba a diario a su casa con un canasto repleto. Ríe mi mamá al acordarse de cómo era el momento de comer; los mayores tenían que servirles a los chicos, mientras Jero, mi abuela, torteaba rápidamente para dar abasto a tantas bocas hambrientas. Mi abuelo Cele, quien era muy guapo, fue un gran personaje del pueblo; tocaba el clarinete en la banda, fue presidente municipal de Yahualica y era maestro de carpintería, oficio que le proporcionó los recursos económicos necesarios para sacar adelante a esta numerosa familia.

Existen tantas anécdotas de mis tíos y abuelos, que se necesita un libro para narrar tan divertidas situaciones; definitivamente una peculiar familia, alegre, cantadora y sumamente simpática. De ahí viene mi mamá, la séptima de la familia que a la edad de 18 años conoció a mi papá. Ella cubría un interinato en Yahualica y fue a Guadalajara a cobrar su paga. Se hospedó en casa de la familia de Rosa Mercado, amigos de la infancia, y por la tarde salió a comprar un esmalte de uñas a la farmacia de la colonia. Al entrar, el médico estaba arriba de una escalera poniendo un foco, quien al momento de verla, quedó enamorado de tan bella mujer. A los pocos meses se unieron en matrimonio y se quedaron a vivir en la ciudad de Guadalajara donde mi papá emprendía su propio negocio, una farmacia con consultorio. El arduo trabajo de mis padres logró consolidarlos y obtuvieron como resultado una buena estabilidad económica.

Los hijos pronto llegaron a sus vidas. Cuando Gaby,

mi hermana mayor tenía que cursar la primaria, mis padres comenzaron a buscar escuelas y su prioridad era decidirse por un colegio con formación en la religión católica, aunque curiosamente, ninguno de los dos solía ser muy practicante pero era importante para ellos que sus hijos siguieran la tradición familiar.

Son muchas las anécdotas de niña y en cada reunión debo escucharlas, una y otra vez. Imagino que a ti también suele pasarte con tu familia; todos tenemos anécdotas que se repiten constantemente. ¿Qué sería de nuestra vida sin momentos para recordar?, son la esencia de nuestra niñez. Mi papá cuenta con frecuencia la siguiente historia que lo hace reír mucho. En la planta baja de la casa, teníamos una farmacia y yo gozaba con atender a los clientes. En diciembre, afuera de nuestra casa, se ponía un tianguis navideño. Para esa temporada les pedí a mis papás que me dejaran sacar a la banqueta, afuera de la farmacia, un puesto con juguetes importados; era una mesa repleta de novedades, algunos de control remoto (eran lo máximo en ese entonces).

Salía todas las tardes de aquel diciembre, ilusionada y me lo tomaba muy en serio; era feliz cada que me compraban algo y corría a la caja, adentro de la farmacia para llevar el dinero de lo que acababa de vender.

El día 24 se vendía más, pues la gente salía por la tarde noche para hacer sus últimas compras. Como a las 7:00 pm, llegó un señor que junto a mi puesto, tendió un plástico en el piso y lo rellenó de juguetes económicos:

muñecos de plástico, mal empacados. A comparación de mi mesa con juguetes hermosos y muy vistosos, estaba en franca desventaja. Ya había pasado una hora y el señor no vendía nada, lo cual me estaba angustiando a tal grado de no disfrutar mis propias ventas. No soporte más, me coloqué de su lado y comencé a gritar: *¡Se vende juguete económico!* El señor me vio y sonrió dándome la aceptación de ser su vocera.

La gente empezó a acercarse y como arte de magia, comenzó a vender y no uno, sino muchos juguetes, ya no sabía qué me daba más gusto, verlo a él vendiendo o saber que me había animado a ayudarle. Mi papá recuerda la escena y sigue siendo motivo de risa al verme haciendo esto sin pena alguna. Dicen mis hermanas que era causa de pena ajena (jajaja). Ellas siempre fueron bien portadas y propias, mientras que yo, tenía un sentido de libertad poco común. El señor terminó de vender y se fue dando gracias por mi valiosa ayuda, pues al final del día él vendió más que yo. Aunque no lo volví a ver, seguramente ese día también se quedó grabado en su mente y corazón.

Éstos son los pequeños detalles que van marcando nuestras vidas. ¿A cuántas personas que se han cruzado en tu camino les has aportado algo? En el constante ir y venir del ser humano coincidimos en el mismo espacio y tiempo con personas que llegan por una razón, no son casualidades, creo yo, sino momentos que la vida te regala para hacer de ellos escenas que trasciendan.

Recuerdo también que en la esquina de la casa se ponía un señor que vendía donas; era una persona sencilla con un carácter amistoso; en mí despertaba mucha ternura al verlo todos los días montar su puesto, rodeado de sus hijos y nietos, quienes ayudaban cargando las cosas; al momento de tener el puesto listo, lo dejaban solo y era cuando yo aparecía en escena.

Al principio era tan sólo su clienta. Vendía donas caseras y unos panecitos rellenos de dulce de leche, pero como fue creciendo la amistad y él no me ponía límites, cuando menos acordé, ya estaba adentro del puesto vendiendo feliz junto a él. Recuerdo que para agradecer mi trabajo, me regalaba una dona a diario. Ahora comprendo que no le ayudaba en nada, quizás era más estorbo, pero siempre me recibía muy contento y me hacía sentir querida e indispensable pues logré tal habilidad en esto de las donas, que llegué a dominar el grado máximo de dificultad: abrir los panecitos con tijeras para poner el relleno.

Es reconfortante saber que la sensibilidad al sufrimiento ajeno, nos pueden llevar a conocer de cerca a tantas personas. Me tomé muy en serio el servicio a los demás pues sentía que les hacía mucho bien; quién sabe si ellos lo veían así, pero qué bonito es creértelo. ¿Cuántas veces has experimentado la sensación de hacer el bien al prójimo? Ahora imagina que en verdad lo has hecho, que tu acto le cambió la vida a esa persona. Éstos son los momentos grandiosos y sirven de motor para seguir adelante.

Ese contraste entre ser sensible y a la vez vivir sucesos misteriosos me hacían diferente. Cuentan que me levantaba dormida y comenzaba a señalar hacia la ventana llorando por ver arañas, me tenían que esconder en el baño para poder calmarme pues era tal mi miedo que costaba mucho tiempo poder calmarme. Estos sucesos eran constantes en esa etapa de mi vida; lloraba, gritaba y describía cosas que no existían. El diagnóstico fue que estaba celosa de mi hermano menor y era una forma de llamar la atención, los sucesos continuaron, no desaparecieron pero sí se modificaron.

La sensibilidad estaba presente, a pesar de ser sumamente miedosa aprendí a vivir así, con esa sensación de no estar sola y poder percibir cosas que la mayoría de las personas no notan. Muchos niños pasan por la etapa donde las pesadillas se hacen presentes todas las noches, y dormir solos, se convierte en todo un suceso familiar. Ésa fue mi situación, ¡era una miedosa al ocultarse el sol!

La escuela donde estudié la primaria y secundaria se llama Instituto Nueva Galicia. Las encargadas son las Hermanas del Verbo Encarnado. Gracias a ellas, descubrí el amor de Dios y me enamoré profundamente de Jesús. Con mi carácter desenfadado, alegre y muy amiguera, corría al momento de escuchar el timbre para salir al recreo rumbo a la capilla, la cual estaba en el fondo de las canchas de volley. Debía subir unas escaleras para encontrarme con un pasillo donde, entre puertas semiabiertas, podía ver las habitaciones de las madres; eso me encantaba, pues me parecía muy misteriosa su vida.

La capilla chiquita y bonita me recibía todos los días

con los brazos abiertos haciéndome sentir acogida. Recuerdo ver a la madre frente a nosotros quien nos hablaba a las pocas asistentes con una gran serenidad y logrando una cercanía muy especial. Tenía la sensación de escuchar a Dios. Él me hablaba en ese lugar tan acogedor. Pedía por todos y agachaba la cabeza cuando a mi mente se venían mis pecados recurrentes. Al salir de la capilla y caminar por el pasillo que me conducía a las escaleras, no podía evitar fijar mi mirada nuevamente en esas habitaciones sospechosas esperando encontrar algo, al llegar a las canchas me reencontraba con mis amigas y disfrutaba del recreo jugando volley, comiendo y platicando de cuanta cosa se nos ocurría.

Dicen mis primas que nunca me dejaba de nada, tenía fama de ser muy peleonera. Solía defenderme de las injusticias y como soy la más chica de mis hermanas, aprendí a hacerlo muy bien, de la misma manera lo hacía con las demás personas, las defendía de sus opresores. Cada integrante de la familia asume diferentes roles, a mí me tocó ser "la peleonera", pero en ocasiones también jugaba otros roles como; "la detallista", "la simpática", aunque al final, siempre me encasillaban como "la peleonera".

Fui una niña habilidosa con un corazón de pollo que sufría por ver el dolor ajeno; crecí con una sensación de estar en el lugar correcto para desde ahí, ayudar a mi prójimo, convencida de estar bendecida por tantas cosas buenas que me rodeaban: una familia unida, estabilidad económica; tíos, tías, primos y demás gente agradecida con mis padres por haberlos recibido en su casa para que lograran sus estudios.

¿Qué más puedes pedir si desde niño experimentaste seguridad y cariño? Ahí radica uno de los puntos claves de la familia: Procurar que los hijos se sientan seguros y queridos.

¿Cuántas veces has sentido que se te va la vida en el trabajo para darles todo lo necesario a tus hijos, y se te olvida que lo más importante no cuesta? Recuerda que lo mejor de la vida es gratis.

Siempre me sentí querida; realmente no tenía ninguna gracia especial más que ser yo misma; pronunciaba la palabra adecuada en el momento preciso y no sabía quedarme callada pues mis actos estaban dirigidos a hacer sentir bien al otro, incluso mediante cartitas con frases de cariño, siempre y cuando no estuviera enojada, porque tenía tal temperamento que si algo me molestaba, desaparecía la niña querida y salía la que a todos les encantaba, la Adriana peleonera que no se dejaba de nada ni de nadie.

Como cualquier niña, también hice renegar a mis padres; aún recuerdo que me decían: *¡Qué terca eres Adriana!* Pero esa terquedad ahora la vivo de otra forma, soy muy perseverante y eso sí me ha servido mucho. Puedo decir que tengo grandes logros porque no me rindo a la primera.

Quiero terminar diciendo que los integrantes de una familia tenemos derechos que conllevan deberes. Ahora que soy madre, estoy convencida que a los hijos profesamos todo el amor, pero también hay que exigirles, porque más allá de darles una carga pesada, es ayudarlos a formar el carácter, es parte del crecimiento de cada individuo. Así se van formando las alianzas en este nido que Dios diseñó para traer a su ser más amado: el hombre.

Capítulo II

AMAR A TU PRÓJIMO Y DARSE SIN MEDIDA

Se tiene la creencia que si damos, nos quedamos vacíos.
Las cuentas para Dios no son exactas:
Lo que doy ≠ lo que recibo.

¿Cuántas veces a lo largo de nuestra vida, hemos tenido la grandeza de llevar el amor al otro, incluso dejando de lado nuestro propio bienestar? Las estadísticas muestran que un alto porcentaje de donaciones de órganos se realiza entre familiares, en su mayoría de padres a hijos. Es frecuente escucharles decir en momentos donde la muerte toca la puerta: *Hijo, daría mi vida por ti.* En el día a día vemos también esa entrega cuando salen temprano del trabajo; durante las noches en vela al cuidado del hijo enfermo; quitándose el bocado para dárselo al hijo hambriento, en fin, todas son manifestaciones de amor que ni siquiera las piensan, es un acto reflejo que tienen los padres.

Con relación a lo anterior, tengo otros cuestionamientos ¿por qué no hacer esto por los demás? ¿limitamos nuestra bondad y le damos un sentido de exclusividad? Se tiene la creencia que si damos, nos quedamos vacíos. Las cuentas para Dios no son exactas:

Lo que doy ≠ lo que recibo, no dan números iguales.

Cuando una persona da, *recibe más.*

Es un hecho que el dar te enriquece como ser humano; en el dar encontramos la grandeza de hacernos mejores personas y se encuentra gran satisfacción en ser detonante de la felicidad del otro.

Las personas hemos hecho de nuestra existencia algo complejo, pero si nos vamos a la esencia del ser humano, nos daremos cuenta de lo sencillo que es. Detrás de esas cortinas de complejidad que la cubren (mismas que nosotros hemos decidido poner), se encuentra un cuerpo con alma necesitado de amor y cuidados físicos, donde la máxima es precisamente el amor. Sin embargo, estamos tan envueltos en las ideas utilitarias de nuestra época, que nos cuesta trabajo percibirlo de esta forma. Ahora, dedicamos el actuar cotidiano a sacar adelante las necesidades económicas que nos dicta la sociedad, damos por hecho que con eso tenemos cubierta la parte principal: El estatus social anhelado.

Desafortunadamente eso no le da al ser humano lo que necesita. Si tuviéramos la capacidad de hacer verdadera introspección, nos daríamos cuenta que estamos más allá del dinero, somos seres emanados de la divinidad y nos ha sido regalado el don de la vida a través de un soplo de aliento. Al mirarnos desde esta perspectiva divina, caemos en cuenta que perdemos años, incluso la vida misma, en alcanzar el tan difundido éxito humano. Nuestra concepción es meramente divina pero no nos alimentamos de la divinidad, lo que hace de nuestro andar, un caminar pesado y lleno de sin sabores. ¿Te es familiar escuchar a personas que en apariencia lo tienen todo materialmente hablando: casa, autos, viajes, ropa fina, etc. y se sienten sumamente vacíos? *El vacío existencial*, es un huequito en la vida que nos hace falta llenar para ser felices, pero no hemos buscado en el lugar correcto. Ahora te pregunto ¿cuál es el lugar para encontrarlo? Revelaré un gran secreto que pocos han descubierto a pesar de estar entre nosotros, este tesoro se llama Jesús, el amor hecho hombre.

El amor, breve palabra que guarda el secreto de la vida, no se limita a unos cuantos, es precisamente ahí donde está el verdadero enigma. El mismo Dios no tiene exclusividad, no se limita a una religión en particular, es tanto el amor que de Él brota, que alcanza para todos y por toda la eternidad. Con esta convicción de sabernos amados, logramos ver la vida desde otra perspectiva atemporal, donde el dinero no rige la felicidad ni nos hace vulnerables, sino al contrario, encontramos la docilidad para volver los ojos al prójimo, reconociendo en él esa parte divina, que más allá de ver sus carencias e infortunios, nos permite percibir la grandeza que encierra su propia humanidad.

En los tiempos de nuestros abuelos, la gratuidad y el

servicio a los demás formaba parte del actuar de las personas. Con el paso de los años, hemos recibido distintas corrientes de pensamiento que más allá de ser evolutivas, han sido destructivas ya que nos han arrastrado a ser una sociedad pretenciosa y basada en el *tener* y no en el *ser.* Escuchamos hablar continuamente de secuestros, asesinatos, abortos que son noticias, que carcomen el alma y no es necesario conocer a la persona para que nos duela, se trata del prójimo. La tarea será entonces, llegar a esos corazones de piedra que no se permiten ser tocados por nada, quizá por no salir lastimados.

El sacerdote Pedro Oriol, sacerdote español que radica en Guadalajara desde hace varios años, hablaba de hacer un trasplante de corazón a todos los integrantes de la sociedad y recomendaba tres puntos como indispensables.

1. Si un miembro sufre, todos sufren con él.
2. Orar por las necesidades del otro.
3. Fortalecer nuestro corazón a través de la oración, las obras de caridad y la conversión de nuestro corazón.

Son tres pequeñas recomendaciones que si logramos hacerlas vida, tendremos la dicha de ser militantes del cambio y transformar nuestro entorno.

A cada segundo estamos tomando decisiones y en varias ocasiones no sabemos elegir la correcta, al menos no es algo sencillo. Si nos abandonáramos a la voluntad de Dios y fuéramos dóciles ante ella, optaríamos por lo más adecuado, pero la soberbia de creernos conocedores de lo que más nos conviene, nos hace ir a ciegas y no es raro el continuo tropezar.

Existen varios escritos que nos hablan de la voluntad de Dios. En la Carta a los Romanos (12, 1-2) san Pablo nos dice: *Les ruego, pues, hermanos, por la gran ternura de Dios, que le ofrezcan su propia persona como un sacrificio vivo y santo capaz de agradarle, este culto conviene a criaturas que tienen juicio. No sigan la corriente del mundo en que vivimos, sino más bien transfórmense a partir de una renovación interior. Así sabrán distinguir cuál es la voluntad de Dios, lo que es bueno, lo que le agrada, lo que es perfecto.*

Por lo tanto, la voluntad de Dios la encontramos en el abandono total de las pretensiones humanas, en hacerlas lo más pequeñas posible para dar cabida a la parte espiritual, sin preocuparnos por el mañana, vivir el hoy de forma grandiosa, haciendo de la existencia una hoja en blanco para permitirle a Dios escribir en ella sus mejores planes.

En el mismo libro bíblico (Rom 12, 12-16) encontramos las reglas para vivir acorde a la voluntad divina: *Tengan esperanza y sean alegres. Sean pacientes en las pruebas y oren sin cesar. Compartan con los hermanos necesitados y sepan acoger a los que estén de paso. Bendigan a quienes los persigan, bendigan y no maldigan.*

Alégrense con los que están alegres, lloren con los que lloran. Vivan con armonía unos con otros. No busquen grandezas y vayan a lo humilde; no se tengan por sabios.

¿Y cómo pedirle a Dios qué es lo que más conviene a mi vida? Acércate con humildad, háblale con la certeza de estar en manos de quien te ama incondicionalmente y desea santificar tu alma. Déjate acompañar por él para hacer de tu existencia el don más grande; y que a pesar de la cruz que cargas día con día, sepas llevarla con gran amor y paciencia.

Ten siempre presente que la meta no está en la tierra; existe algo mejor que bien vale la pena andar por el camino pedregoso para llegar a la gloria eterna.

Es inevitable dejar de lado aquello que viví en mis vacaciones de diciembre del año 2007 en donde experimenté una situación difícil pero a la vez maravillosa. Asistí al pueblo de Melaque, un sitio pintoresco en la costa de Jalisco donde los años no pasan por él. Cada domingo en el centro de su gran plaza, las familias se reúnen y se continúa con la tradición de dar la vuelta para saludar a los amigos y en particular, los jóvenes ilusionados se reúnen para ver a sus futuras conquistas. Melaque es un lugar que desde niña frecuento porque a mis papás siempre les ha gustado: se come muy rico, su olor es una mezcla entre mar y antojitos mexicanos y a pesar de la cantidad de turistas nacionales y extranjeros, sigue sencillo, es decir, un pueblo sin presunción alguna.

En esa ocasión viajé junto con mi esposo, Dámaso,

mis papás, Héctor y la *Chuza* (apodo que le fue puesto a mi mamá desde niña) y mi hija Valentina con tan sólo año y medio de edad. Cada mañana Dámaso y yo nos turnábamos el cuidado de Valentina para salir a caminar muy temprano a la playa.

El día marcado en mi corazón para el resto de mi vida, comenzó a las seis de la mañana, Dámaso se quedó y yo iría con mis papás a la playa. Aún recuerdo que me puse mi ropa deportiva y tenis porque la arena de Melaque está muy suelta y cuesta mucho trabajo caminar descalza. Bajé a la cocina, me comí una manzana y ¡ahora sí, lista para la travesía de caminar cuatro kilómetros! Había que llegar a Barra de Navidad, que está al final de la costa y después, regresar a Melaque; ésta es una caminata que desde niña hago junto a mis padres.

Cuando llegamos a la playa, sentí la brisa en la cara junto al inconfundible olor a agua salada. Un viento fresco levantaba constantemente mi cabello y el chiflido del aire hacía de las palmeras, cadenciosas bailarinas. Con mucha ilusión platicábamos los tres sintiéndonos felices, con la sensación de estar en un pedazo de Cielo, entre aguas azules que parecen no tener fin y dejando en la arena suelta, huellas imborrables.

Comenzamos la caminata junto con algunos turistas que habían despertado temprano para ver el amanecer. A mitad del camino, el mar se une en una cuneta donde las olas se muestran majestuosas, poderosas y traicioneras, debido a que en ese lugar revientan olas gigantes chocando entre sí. Es sabido que muchas personas han muerto ahogadas en ese lugar.

Frente al sitio donde ocurre este fenómeno, hay un hotelito que en esos momentos recibía una excursión y sus nuevos huéspedes, ansiosos por tocar el mar, salían corriendo descalzos hacia esa agua fresca que invitaba a nadar. Aún con la ropa de viaje, metían los pies en la orillita y los niños jugaban a construir castillos de arena.

Justo pasábamos frente al hotel cuando comenzaron los gritos que hasta el día de hoy no puedo olvidar, aún retumban en mi alma, y mi corazón late apresurado como aquella mañana. Las personas con caras desencajadas miraban hacia el mar, pedían desesperadamente ayuda pues una ola acababa de reventar en la playa y la resaca había arrastrado al fondo del mar, a dos niñas de quizá 6 años, quienes inocentemente jugaban en la orilla para tocar el agua fría. Los gritos clamaban clemencia y al unísono decían: *¡Ayuda por favor, no saben nadar, se van a ahogar!*

Mis papás y yo volteamos a ver la escena, estábamos frente a ella como invitados especiales de primera fila y veíamos las expresiones de los actores a escasos metros. En esa etapa de mi vida, nadaba todos los días y me sentía fuerte físicamente.

Pues sin pensarlo mucho, me quité los tenis y mi papá me cuestionó: *¿Te vas a meter?* Yo contesté rápidamente *¡Sí, soy muy buena para nadar!* y mi mamá con una expresión de susto me dijo: *¡No te metas!* Fue cuestión de segundos.

Corrí hacia el mar enfrentando olas gigantescas que reventaban con gran fuerza y levantaban el agua a más de 2 metros de altura. Luchando contra la furia del agua movía mi cabeza para ubicar a las niñas y observé cómo una ola había arrastrado a una de ellas al revolcadero pero la otra seguía en el fondo del mar. Nadé rápidamente hacia la que tenía más cerca y me uní a otra persona que también intentaba ayudar.

La tomamos de sus brazos, íbamos contra corriente y el continuo reventar de las olas hacía imposible sostener ese cuerpecito que ya se había dado por vencido. Confiaba en nosotros y dejaba su vida en nuestras manos, como los niños que se abandonan sin pensar en los brazos de sus padres: no cuestionan, no exigen, sólo saben que están en el lugar correcto donde experimentan seguridad. Aquellos brazos y ese cuerpo no respondían ante los gritos que pronunciábamos: *"¡Párate, párate, párate!"*

No sé cuantos minutos o quizás segundos pasaron pero la experiencia de ese momento la llevo conmigo día a día y la huella que dejó en mí es profunda. En esa lucha por querer pararla y salir los tres del revolcadero, llegó una ola que nos aventó afuera. ¡Bendita ola que nos lanzó hacia la vida! Parecía increíble saber que estábamos a escasos metros de la playa que representaba la vida y permanecíamos en el abismo de ser vulnerables ante la muerte.

Recuerdo que logramos pararnos y ponerla de pie. Sus familiares al verla salva, la abrazaron y se la llevaron hacia el hotel para poder atenderla. La escena era trágica, esa película llegaba a su final donde todos lloraban y se abrazaban.

Con la mirada busqué a mis papás que permanecían inmóviles en su butaca de primera fila. La expresión de mi mamá era de angustia y mi papá descansaba al verme fuera de peligro. Caminé hacia ellos y mi mamá entre sollozos me recibió.

Mi ropa estaba repleta de arena, mojada y pesada; mi cuerpo experimentaba la adrenalina a tope. Me quité los calcetines, tomé mis tenis limpios y secos que unos minutos antes había tirado a la arena, y sin palabras, continuamos nuestro camino hacia Barra de Navidad. A la otra niña que se encontraba en el fondo, la habían sacado antes de que saliéramos nosotros, pues nuevamente la ayuda divina había obrado.

Cuando regresamos a casa, me recibieron Valentina y Dámaso pero antes de cruzar la puerta de entrada mi papá me dice una frase que cualquier hijo desearían escuchar de sus padres: *Hija, me mereces toda mi admiración y mi respeto.* Qué sensación tan maravillosa, qué gran momento me regalaba la vida y qué gran satisfacción haber hecho lo correcto.

Este es el peso de las palabras de los padres y los hijos deseamos saber que ellos se sienten orgullosos de nosotros. En ocasiones actuamos pensando que así lograremos su admiración, sin embargo es muy importante que los padres sepan reconocer los aciertos de sus hijos.

Durante la noche, mientras intentaba dormir, pensaba en todos los finales de la película y mi cuerpo sentía escalofríos de tan sólo imaginar la muerte: ¿qué sería de Valentina sin su madre?, ¿y si la niña hubiera muerto frente a mí? Visualicé tantos finales como la imaginación me lo permitió. Reflexioné en lo frágiles que somos, en lo vulnerable que es la vida y que no basta con tener buenas intenciones, sino asumir la obligación de ir más allá de uno mismo. Cuestioné mucho mi valentía y sabía en el fondo de mi corazón que no era tan sólo mía, que Dios había actuado en mí.

Regresé de Melaque después de una semana de vacaciones, descansada y lista para comenzar con mis actividades. A los pocos días, recibí una llamada del grupo Magnificat, comunidad que se dedica a evangelizar a través de retiros carismáticos y en esa ocasión me invitaban a su próximo retiro para ayudarles como "Traidora" (tráeme esto, tráeme aquello); era quien tenía que apoyar con todo lo que hiciera falta del exterior. Los retiros se hacen en el templo de la Asunción, en Tlaquepaque, un lugar que guarda entre sus paredes miles de testimonios de milagros de Dios. Las personas llegan con corazones destrozados y en el lapso de cuatro días se unen las piezas con un pegamento llamado Dios.

A dos días de haber iniciado el retiro, las ovejas (encuentristas), comenzaban a encontrarse con su creador y sus corazones se abrían a recibirlo. Por la tarde, llegué al salón donde se daban los temas después de una larga mañana de compras.

Entré en aquel galerón frío, con ventanas rotas, pintado de verde, con sillas escolares viejas y rayadas, así como letreros de pasajes bíblicos decorando las paredes. Aunque pareciera lo contrario, resultaba especial, cálido y acogedor. Dentro de él, se encontraban más de 70 personas intentado encontrarse con un Dios vivo, con deseos de sentirlo, y llorando amargamente sus dolores y pecados.

Busqué un lugar donde sentarme después de esa mañana ajetreada. Me coloqué en la parte de atrás en una banca fría. Cerré mis ojos, intenté quitarme todas las preocupaciones y gozar del canto y de la oración que en voz alta dirigía uno de los coordinadores. Mi cuerpo comenzó a experimentar la gracia de la oración, esa sensación que quizá tú también conoces, cuando logras tener un momento de paz en tu corazón.

Inmediatamente me transporté a la película pasada de Melaque y pude ver claramente la escena en la playa, pero los actores no eran los mismos. Estaba parada y quien tomaba mi mano para correr juntas hacia la niña ahogándose, era nada más y nada menos que la Virgen María; ahora se me estaba mostrando otra realidad y pude comprender que no actúe sola, quien me dio todo el impulso y la seguridad para obrar con amor hacia mi prójimo era ella. Qué diferente película se me estaba mostrando, *misma escena pero contenido diferente*, actores nuevos le daban otro sentido, ese arrojo, ese amor a la vida ajena era obra de Dios.

En esta nueva escena no existía nadie a nuestro alrededor, todas las personas incluso mis padres habían desaparecido, tan sólo éramos ella y yo tomadas de la mano corriendo desesperadamente hacia el fondo del mar y cuando la escena sigue trascurriendo, volteo hacia la niña que no era la niña, sino Jesús quien estaba ahogándose y nosotros corríamos a su encuentro.

Les comparto estas vivencias y al estar narrándolas me sigo conmoviendo; paso difícilmente saliva, mis ojos se llenan de lágrimas y mi corazón se siente movido de diferentes sentimientos, pues recuerdo la mirada de Jesús, una mirada amorosa, confiada y sumamente tierna que se dirigía a mí en medio de las olas revolcadas. Yo lo tomaba entre mis brazos y su cuerpo sin fuerzas se dejaba reposar; el peso era grande y la angustia crecía al vernos entre las aguas turbulentas. Ahí para la escena y creo entender el mensaje *Ayúdame y caminemos juntos en mi pasión, te comparto mi cruz.*

Regresé de la película y ya me encontraba rodeada de grandes amigos que me abrazaban pues lloraba y no paraba de hacerlo. Ellos me consolaban con palabras de aliento, pero no sabían que no lloraba de dolor, estaba gozosa de haber visto esa escena donde Dios me pedía caminar juntos.

Capítulo III

LA VOCACIÓN AL MATRIMONIO

El matrimonio se acrisola en los malos momentos.

Hablar de matrimonio, es hablar de un gran compromiso; desconocido para muchos y mal anunciado para otros. Cuántos chistes existen donde nos advierten que casarse es entrar a un laberinto obscuro, aunado a un sentimiento de depresión.

En una ocasión escuché uno que decía lo siguiente: *¿Sabías que en el cielo existe un trono que aún permanece vacío? Corresponde a la mujer que jamás se haya arrepentido de haberse casado, pero pasan los años y sigue vacío.* Entre risas se expresa: *¡y seguirá vacío!*, entonces ¿para qué casarse?, ¿para qué decidir unir mi vida a una persona y hacérmela difícil?

Justamente el día de hoy en la radio, tocaron el tema del matrimonio y mencionaron la alarmante estadística de divorcios. Del año 2000 al 2011, la cantidad de matrimonios celebrados a nivel nacional ha disminuido en un 19.3% por el contrario, los divorcios han tenido un incremento del 74.3%. La conclusión a la que llegaron los conductores del programa, fue que no valía la pena casarse si de cualquier manera terminarían divorciados, mejor evitarse el trámite. Proponían entrar a la nueva modalidad, a la bien vista “unión libre”. Tiempo atrás eran señaladas las personas que vivían así, actualmente esta decisión es aplaudida pues dicen: *Preferible calarle antes de echarte un compromiso.*

¿Qué ha pasado en la sociedad que lo mal visto antes, ahora es la moda? Entonces, todos aquellos que optan por el matrimonio, ¿se encuentran obsoletos y atrapados en las costumbres conservadoras que no permiten la evolución de la sociedad? ¿Casarse por la Iglesia es una decisión que se pone en tela de juicio?

Quiero decirles a todas las personas, pero sobre todo a los jóvenes que están pensando en dar el paso al matrimonio, que en efecto lo piensen dos veces, pues **es un compromiso para toda la vida**. ¡Qué susto escuchar estas palabras, pareciera una sentencia! Piensen en que no es nada más estar juntos; conlleva muchas otras responsabilidades pues uno de los fines del matrimonio, es buscar el bien del otro y hacer de su unión, una manifestación de amor y culminarla con la procreación de los hijos.

Ahora, si crees que es mucho peso para dos pequeñas almas que tan sólo anhelan estar juntas y te preguntas

¿para qué tanto compromiso si el amor es libre y el matrimonio parece esclavizarlo?, pues bien, por favor presta oídos y abre todos tus sentidos para entender lo que a continuación te narro.

Comenzaré por decirte que el matrimonio es un sacramento, uno de los siete que Jesús instituyó. *Recordemos que los sacramentos son signos eficaces de la gracia, instituidos por Cristo y confiados a la Iglesia por los cuales nos es dispensada la vida divina.*[1] Lo cual significa que fue el mismo Dios a través de la persona de Jesús que lo elevó a sacramento, por consecuencia traerá a nuestras vidas, experiencias de vida divinas.

Jesús, un joven revolucionario, hace más de 2000 años vino a decirnos que estábamos en un error, que vivíamos con los ojos vendados y entre parábolas nos dejó enseñanzas grandes para hacer de nuestra vida un santuario de amor. Sin embargo, a pesar del paso del tiempo, seguimos cometiendo los mismos errores; quizá cambien las formas pero al final seguimos cayendo una y otra vez. Las palabras de Jesús son actuales, no tienen caducidad; así es él, siempre vigente y siempre presente en todo momento.

El matrimonio es un llamado que Dios hace sólo a algunos, forma parte del plan de vida que él nos tiene preparado; no se trata de un capricho, ni es obligatorio para todos. Tomemos en cuenta que no sólo tiene injerencia la parte humana ya que a través del matrimonio estamos

1. ASOCIACIÓN DE EDITORES DEL CATECISMO, *Catecismo de la Iglesia Católica*, N.1131 P.p. 266 1993 Madrid España.

siendo copartícipes de la divina voluntad y debemos aceptar el llamado que retumba en nuestra alma. De tal forma, la gracia nos es dada de manera gratuita y de nosotros depende el acrecentarla o aminorarla conforme a nuestra disposición ante ella.

1601 La alianza matrimonial, por la que el varón y la mujer constituyen entre sí un consorcio de toda la vida, ordenado por su misma índole natural al bien de los cónyuges y a la generación y educación de la prole, fue elevada por Cristo Nuestro Señor a la dignidad de sacramento entre bautizados.[2]

Quiero enfatizar entonces que el matrimonio se da cuando un hombre y una mujer se unen a través del sacramento. Las demás uniones tan sólo son eso; uniones que no tienen la gracia que se recibe a través de la invitación de Dios a bendecir este vínculo. Escuché decir a Lupita Venegas, conferencista internacional y escritora, las siguientes palabras: *La lluvia de bendiciones es abundante para todos los matrimonios, pero las personas que no se han animado a dar el paso al sacramento, es como si estuvieran bajo la abundante lluvia con un gran paraguas.* Las bendiciones están ahí, pero nosotros no nos acercamos a ellas, vivimos en la cultura de lo exprés donde si no me funciona rápido y si el grado de satisfacción no es inmediato, no lo quiero, pues se tiene la creencia de que si no es así entonces no sirve. Cosa contraria en el matrimonio: es un trabajo de todos los días, es construir tu nido

2. *Ibid* N.1601. p. 367

poco a poco, es ir dándole forma según convenga a los dos, siempre con una clara visión, hacerlo indestructible.

Cuando hablamos de pacto matrimonial, hablamos de un acto de voluntad por el que el hombre y la mujer se dan y se aceptan, teniendo presente que:

- se hace de manera libre y consciente
- es llevar el amor a la entrega total
- buscas el bien del otro y el otro busca tu bien
- requiere perfecta unidad y exclusividad
- se puede experimentar la totalidad y la plenitud de la complementariedad.

Olvídate de “la media naranja”; busca la parte que te complemente, que te haga ser mejor persona para caminar juntos aun cuando el terreno sea pedregoso. Logra ver en tu cónyuge a un ser humano capaz de llevar a su máxima expresión el amor, no a través de sus miserias, sino de las más nobles virtudes que posee.

Alguna vez escuché decir a una amiga que el lazo matrimonial tiene tres puntas: en una está la esposa, en otra el esposo y en la tercera está Dios. Si descuidas una de las ellas, debilitas a las tres, por lo tanto, es importante ver por las necesidades de los esposos sin dejar de tener la mirada fija en Dios. Cuántas veces hemos sido testigos de matrimonios que aparentemente se veían fuertes y terminan por separarse. De seguro se descuidó una de las puntas, ¿por qué separarse de alguien que te hace feliz, donde experimentas seguridad y plenitud?, no tiene razón de ser, no conozco persona que no quiera sentirse así.

La vida en el matrimonio es agridulce; pero puedo decirte que el dulce permanece más tiempo en la boca. En el matrimonio se viven muy diversas situaciones, los cónyuges terminan mostrándose uno al otro de manera total, hasta el punto de dejar al descubierto su propia alma. El caminar por la vida se concibe diferente cuando tienes a tu lado otros pies que acompañen tus pasos rumbo a proyectos en común. Ya no vas solo, ya existe alguien que camina junto a ti.

Al vincular tu vida a otra persona, unes tu alma y se convierten en un solo ser, donde las aspiraciones son el querer:

1. ser uno mismo
2. sólo contigo
3. estar siempre juntos
4. procrear contigo.

Estas cuatro aspiraciones, encierran la parte medular del matrimonio. Un individuo no deja de ser único al momento de unirse en matrimonio; no pierde identidad ni libertad (como se pudiera creer), pues el matrimonio es un acto libre, que conlleva inteligencia, madurez y voluntad: *con plena conciencia asumo quién soy y decido unir mi vida con el otro.*

Es por eso que dar el paso al matrimonio, no es tan

sólo planear una boda hermosa e inolvidable, la fiesta pasa a segundo término. En muchos de los casos, las personas preparan cuidadosamente el evento social y dejan de lado la parte central: el sacramento. Se requiere prudencia, fortaleza y templanza para darse cuenta del gran paso que se va a dar.

Si somos analíticos y observamos lo que ocurre a nuestro alrededor, identificaremos personas con vidas arruinadas por un mal matrimonio. Las malas decisiones afectan a muchos de manera directa y no sólo a los involucrados, es una ola gigante donde las consecuencias las gozan o las sufren quienes están cerca.

El matrimonio es un paso a la vida y una familia sólida es un motor que no para. ¿Y qué es lo que lo debilita? Veamos algunos puntos.

- El amor malentendido que encierra egoísmo.
- Falta de compromiso.
- Rechazo a todo lo que conlleve esfuerzo.
- Machismo.
- Feminismo.
- Cultura de lo desechable.

Son muchos los aspectos negativos que se adhieren al matrimonio hasta desgastarlo y llevarlo al divorcio, lo cual trae consigo mucho dolor y gran desolación.

El matrimonio puede hacernos sentir muy felices y plenos, todo depende del sentido que le damos. Vivimos en clave de eternidad. Desde el momento que tomamos decisiones estamos optando por el Cielo o por el infierno en vida. A pesar de que el matrimonio a veces se torna gris y no es lo que desearíamos por cuestiones ajenas a nosotros, estamos en libertad de elegir cómo queremos vivirlo.

Es importante pintar nuestro Cielo en vida, de esta manera estamos pintando un hermoso panorama para nuestros hijos. Para un niño es indispensable ver a sus padres demostrarse amor; evitemos los pleitos, la indiferencia, la violencia delante de ellos; cámbialos por un abrazo, un beso, palabras amorosas y verás que logras más.

Recordemos que hablar de amor, es hablar de Dios mismo. *Si reconocemos que Dios es el origen y fundamento de toda realidad, entonces el sentido y la esencia del cosmos y de la historia es el amor. El que encuentra el amor encuentra y toca el misterio del universo.*[3]

Amar en las buenas y en las malas es el reflejo del verdadero amor de Dios; amor que se nos ha otorgado de manera gratuita para darlo de esta misma forma. *Una vida en el amor es también una vida en el gozo, aún cuando para llegar a él se tengan que soportar muchas contradicciones y tribulaciones.*[4]

Ahora ya lo sabes, por favor piénsalo dos veces antes de dar el sí. En mi caso yo lo pensé bien y puedo decirte que ha sido una de las mejores decisiones que he tomado en mi vida sin embargo eso no quiere decir que el cami-

3 *Exhortaciones de San Francisco de Asís*, p.129 Publicaciones Franciscanas México.
4 *Ibid* p.132

no ha sido fácil. Te comparto cómo ha sido este caminar juntos.

Nací en una familia amorosa, divertida y exigente. Soy la tercera de cuatro hijos y mis padres, con su trabajo, lograron una estabilidad económica que me permitió crecer con la seguridad de tener siempre lo necesario.

A los 27 años tomé la decisión, junto a Dámaso, mi novio por más de seis años, de unir nuestras vidas en matrimonio y seguir compartiendo nuestros sueños y proyectos de vida.

La boda se realizó el 18 de octubre de 2003 en Guadalajara, Jalisco y el sueño que toda niña desea, ahora se hacía realidad. La fiesta fue simulando a la Cenicienta que le daba el *sí al príncipe* con la siguiente leyenda: *Y fueron felices por siempre…* También lo imprimí en mis invitaciones de boda. ¡Qué bonito final tienen todos los cuentos! Sin embargo, van pasando los días y ya nadie cuenta la segunda parte.

Ahora narraré el segundo capítulo de mi cuento de hadas. El añorado *Y fueron felices por siempre…* sufrió una pequeña modificación: *Y fueron felices a veces…* (Sonrío) ya que llegó una bruja malvada con la intención de cambiar el final.

Tenía 2 años de matrimonio y todo marchaba bien, con pequeños altibajos que tan sólo reforzaban nuestro amor, pero un día llegó la "bruja malvada" personificada como amigo con máscara de ambición y sin más, logró su cometido. Esta "bruja" tomó nuestras vidas en sus manos, las manejó a su antojo y como a una hoja de papel: la estiró, arrugó y al final la tiró. Fue una gran decepción saber que confiaste en quien no debías, ¡qué tristeza!

Darse cuenta que una amistad no es sincera y que eres sólo utilizada para saciar la ambición desmedida de una persona sin escrúpulos, es terrible. Abusó de nuestra confianza y experimenté tantos sentimientos que desconocía. Un matrimonio separado, pero sumamente fortalecido, ¡ironías de la vida!, lejos uno del otro, pero más unidos que nunca, desde casa intentaba solucionar semejante fraude y Dámaso a distancia, sobrellevando las consecuencias de haber estado en el lugar y en el momento equivocado.

Me avisaron un 7 de septiembre del año 2002. Ese día había ido temprano a conocer a Andrés, mi sobrino y recuerdo estar sentada en el sillón del cuarto del hospital frente a mi prima Lupita, la cual acababa de dar a luz. Ella sonreía al verse rodeada de amigos y familiares que con gusto compartíamos su felicidad de ser madre por segunda ocasión. Si la hubieras visto, no te habrías imaginado que meses antes había quedado viuda. Alfredo, su marido, murió cuando ella tenía tan sólo 3 meses de embarazo.

Ahora veía en Lupita un rostro sereno, sin embargo no dejaba de sentir dolor pues ella estaba viviendo una situación injusta, como algunas veces vivimos algo que no necesariamente merecemos.

El día que murió Alfredo, era un martes de comida familiar en casa de mis papás. Una llamada a las 3:30 pm nos avisó de la trágica noticia: Alfredo había muerto; silencio en algunos, sollozos en otros y caras desencajadas fueron el escenario de esa tarde. Al anochecer, mi mamá y yo fuimos a casa de los papás de Lupita para estar a su lado y acompañarlos en el doloroso momento de recibir a los papás de Alfredo que viajaban desde Zitácuaro, aún sin creer que su hijo había fallecido.

En la vida te preparas para tantas cosas pero nunca para estos momentos. Entraba gente llorando a casa de mis tíos sin creer que fuera cierto y otros dormitaban a mitad de la noche intentando ganar fuerzas para soportar el día siguiente. Lupita con sus tres meses de embarazo se encontraba completamente exhausta. A media noche, subió a su recámara de soltera para descansar un rato. Mi tía Lupe (su mamá) me pidió acompañarla para no dejarla sola en estos momentos. Se recostó en su cama, yo permanecía despierta sin poder creer semejante desgracia, abrió sus ojos pues era evidente que no lograba conciliar el sueño, intercambiamos miradas de complicidad donde no se necesitaban las palabras para saber que compartía su dolor. Ella, mirándome fijamente, por fin rompió el silencio: ¿alguna vez pensaste que estaríamos juntas pasando estos momentos? Surgieron cuestionamientos de una mujer que le acababan de destrozar su corazón pero su alma se levantaba con una fortaleza que resultaba admirable.

Al pasar la noche me pidió acompañarla a su casa para recoger la ropa que le pondrían a Alfredo para su funeral. Su hermano manejaba, Lupita adelante, y yo en la parte trasera del auto, los tres en completo silencio. Al entrar a la casa la sentí fría, desolada. Subimos las escaleras decoradas con máscaras africanas coleccionadas por Alfredo durante muchos años, que parecían llorar la pérdida de su amigo. Llegamos a la habitación y la cama estaba sin tender, Lupita me dice: *¡Voy a tenderla porque estoy triste y viéndola así, me pongo peor!* Palabras sin sentido de un alma doliente, pensé.

Alfredo había dejado un vaso de agua a medio llenar sobre el buró la noche anterior. Fijé la mirada en otra parte para no soltar el llanto en tan triste situación. Lupita abrió el clóset, sacó un traje, una camisa, zapatos y los puso en la cama como cuando pones tu ropa para una fiesta especial. Y así parecía, un hermoso traje con camisa impecable, corbata y zapatos perfectamente boleados. Ahora comprendo que Dios me estaba preparando el camino para un suceso posterior, pues toda esta historia pasaba por mi mente al visitar a Lupita con ocasión del nacimiento de su segundo hijo.

Salí de la habitación del hospital y afuera del cuarto me esperaban mi cuñado y dos amigos abogados pues tenían algo importante que decirme. Caminamos juntos hacia el restaurant; entre enfermeras y médicos los pasillos me parecieron largos y fríos, las caras de mis tres acompañantes eran tensas, no necesité pensar mucho, estaba a punto de recibir malas noticias.

Nos sentamos y comenzaron a contarme la desgarradora historia. La situación era crítica y se tenían que tomar decisiones importantes para salir de eso: una demanda por parte de personas afectadas por un fraude cometido donde señalaban a mi esposo como culpable. Escuchaba atenta las indicaciones y era como si de pronto me hubiera salido de mi cuerpo pues aún seguía sentada pero la voz cada vez era más lejana. Mientras hablaban, planteaban diferentes soluciones pero caí en cuenta que era muy difícil pues lo que se necesitaba no lo teníamos, miles de pesos.

Llegué a mi casa y rompí en llanto al estar frente a una situación que estaba fuera de mi alcance. Ya había orden de aprehensión y la medida era sacarlo de Guadalajara para poder seguir la demanda fuera de la cárcel. La indicación fue: *haz una maleta con ropa porque ahora mismo nos vamos. ¿Qué ropa le pongo?* respondió mi cuñado, quien me acompañaba y sería quien lo sacaría de la ciudad: *ponle ropa para calor y frío, no le marques a su celular, no te puede decir en dónde estará, seguramente a ti también te van a seguir, actúa normal, en unos días yo me comunico contigo para decirte cómo está.*

Abrí su clóset y con la vista nublada, pues las lágrimas se acumulaban en mis ojos, comencé a sacar la ropa. En esos momentos se paralizó el tiempo y me trasladé seis meses antes cuando Lupita hacía lo mismo: abría el clóset para sacar la ropa de Alfredo y veía cómo iba poniendo en la cama cada prenda y cómo tenía su rostro completamente destrozado. Entonces comprendí que Dios no se equivoca y por alguna razón me había permitido acompañar a Lupita ese día.

Mi cuerpo experimentó una sensación difícil de explicar; sentí un calorcito que me recorrió toda y pude hacer conciencia que por más triste e injusta que fuera la situación de mi esposo, no estaba sacando la ropa para su funeral. Experimenté consuelo, amor y supe que todo iba a estar bien.

Dos pantalones, dos playeras, chamarra, calcetines y ropa interior sobre la cama, miré hacia el buró y vi su oración preferida: *Los 5 minutos*. La tomé y la coloqué entre su ropa, que sin mucho planear ya estaba dentro de la maleta.

Se fue mi cuñado y me quedé sola con un dolor físico y del alma que parecía partir mi corazón en dos. Una vida juntos y los planes perfectos se desvanecieron en segundos. ¿Cuándo volverá? Era una pregunta que me hacía y nadie me podía contestar.

Esa noche, frente a mi cirio bendito, en mi pequeño altar, en completa soledad, hablé con Dios con tal franqueza y sin ninguna sutileza. Le pedí, a manera de exigencia, que obrara para que saliera bien de ese enorme problema. Que si merecía un castigo, se lo diera, pero si era inocente, le imploraba saliera libre.

Recuerdo muy bien la escena y a pesar de haber pasado ya bastantes años, aún siento el nudo en mi garganta y por mi rostro corren lágrimas. Estuve frente a Dios donde la fe se hizo presente, contrasté mi gran necesidad contra mi gran fragilidad y le rogué que me acompañara en todo el proceso. Cerré los ojos, sentí una brisa que cubrió mi rostro y terminó por llenarme de serenidad. Me levanté, apagué el cirio y en total obscuridad caminé a mi cuarto vacío. Recostada en la cama, tomé su almohada, la abracé y entre sollozos logré dormir.

A las seis de la mañana, abrí los ojos, volví a toparme con la realidad: una cama sola y un dolor en el corazón. ¡Qué duro fue saber que ahora esta sensación de tristeza me acompañaba y parecía caminar feliz junto a mí! Me arreglé rápido y salí corriendo a mi cita con Carlos, abogado y buen amigo de la familia. Me recibió amigablemente y junto a su socio, expusieron la situación que, por cierto, no era nada alentadora. Existían varias opciones pero ninguna era agradable, todas implicaban mucho dolor pues estar juntos, no era una opción.

Al terminar de explicarme hizo un alto y con la mirada me cedió la palabra. Estaba conteniéndome, por dentro mi cuerpo gritaba y se desmoronaba. Cerré los ojos, comenzaron a salir lágrimas abundantes pero curiosamente no salió ninguna palabra, Carlos me dijo: *Está bien que llores, necesitas desahogarte y tomar fuerzas para lo que viene.*

En todos mis años pasados (mi hermosa vida rosa), jamás tuve la necesidad de mostrarme fuerte ante nada, ahora conocía a una nueva Adriana que se ponía de pie ante la adversidad. Me planté en mi papel y antepuse el corazón y la vida misma para defender a mi esposo. Estudié el caso, investigué las diversas opciones y a pesar de hablar de cantidades fuertes de dinero para seguir el proceso, siempre me mostré esperanzada de que las cosas saldrían bien: ya estaba hecho el pacto con Dios y yo me abandonaba en sus brazos.

Los días siguientes trascurrieron como una película de acción. Salía de mi departamento con la sensación de ser perseguida y tomaba tantas rutas diferentes como se me iban ocurriendo; el hambre se fue de mi cuerpo y aprendí a vivir solo por hoy, de esta manera me parecía más sencillo y no me desgastaba tanto en pensar en el futuro pues ya el presente era bastante surrealista.

Fueron momentos duros, mi vida rosa dejó de serlo para ser envuelta por una nube gris que velaba mi presente. Fui probada constantemente. Me ofrecieron mandar golpear a las personas que habían hecho el fraude, hasta propusieron hacer volantes con fotos del supuesto amigo contando sus fraudes para repartirlos en las escuelas de sus hijos con la intención de exhibirlo. En fin, esa nube gris venía cargada de ira y venganza, lo impensable pasaba por mi mente. Afortunadamente tuve a mi lado a mi hermana Mary, una mujer sabia y prudente que me aconsejó y logré alejar la ira de mi corazón.

Nuestros amigos pasaron por un filtro de solidaridad y lealtad; muchos de ellos se quedaron en la prucba; nuevamente se abrían mis ojos a la realidad. Recuerdo que dejaron de invitarnos a eventos por no incomodar al amigo macabro, tomando partido. El círculo de amistad era el mismo y definitivamente ya no cabíamos ambas familias.

Hablaba por teléfono con mi esposo y las conversaciones eran breves y llenas de palabras de aliento. Al momento de colgar suplicaba angustiada a Dios me concediera el volver a verlo pronto.

Un cierto día, recibí la llamada de Carlos el abogado, citándome urgentemente en su oficina. Salí corriendo de casa, subí al carro y volví al delirio de persecución pero en esta ocasión, cada cuadra me convencía de que no era mi imaginación, pues en esta ocasión sí me seguían aunque curiosamente me resultaba emocionante vivirlo.

Logré seguir mi camino y llegué a la oficina donde Carlos ya me estaba esperando. Al sentarme, comenzó a contarme el plan de acción: Dámaso iba a viajar a España para conseguir trabajo mientras pasaba todo el proceso y yo me reuniría después con él. Cuando lo platicó, sonó tan dulce, era un plan donde nuestro proyecto de vida, hace días interrumpido, ahora volvía a tener una luz en el camino.

Salí de la oficina y tarde se me hacía reunirme con mis padres para contarles que al menos ya teníamos un plan. Entré a su casa donde me esperaban en la sala mi mamá y dos de mis hermanos, todos ansiosos por escuchar el plan. Les conté lo de España y fue mi mamá quien no dejaba de llorar, su rostro reflejaba una profunda tristeza. Ahora la entiendo tanto, pues ante ella estaba su hija destrozada, debió ser desesperante ver la escena y saber que no podía hacer nada.

Conforme pasaba el tiempo, los planes cambiaban día a día y de manera milagrosa todo salía perfecto. El viaje a España quedó de lado pues pronto se tramitó un amparo y el proceso legal que parecía perdido, logró demostrar su inocencia.

No parece que hubiera pasado tanto tiempo pues lo recuerdo como si hoy mismo estuviera sucediendo. Cuando tuve en mis manos el amparo, cité a Ernesto mi primo muy querido en un restaurante italiano para que él, le hiciera llegar los papeles que lo librarían de la cárcel. Llegué al lugar y junto a su novia estaban decidiendo qué comer. Yo que días pasados comía sólo por obligación, ahora sentía un vacío en el estómago que deseaba consentirse; sabía que ese papel significaba un gran avance y mi cuerpo quería festejarlo demostrándome que estaba vivo.

Los días pasaron pero ya se tenía prácticamente el proceso ganado, de tal forma que no sólo triunfaba la justicia, sino que el amor se había manifestado en su máxima expresión, saliendo victorioso ante la maldad humana.

Mi matrimonio se acrisoló en el fuego de la prueba y salió fortalecido. Nos mostramos en distintas facetas aún desconocidas como la capacidad de amar en las malas. Se cumplió la promesa que ante Dios no habíamos jurado: *En lo próspero y en lo adverso, en la salud y en la enfermedad y amarse y respetarse todos los días de su vida.*

Capítulo IV
CONFÍA EN MIS PALABRAS

Dios es un ser supremo vivo
que obra milagros día a día.

La vida está llena de contrastes, a veces nos toca vivir momentos dulces que embriagan el alma de amor y nos dejan esa sensación en la boca que perdura por largo tiempo. En otras ocasiones nos llenamos de dolor y amargura por situaciones que enfrentamos, éste es el agridulce de la vida, bien vale la pena disfrutar cada momento, pues Dios se vale de distintas maneras, para que el ser humano viva las más enriquecedoras experiencias.

Cuando una persona pasa por un dolor acompañado de profunda obscuridad, es recomendable detenerse en seco para no tropezar. Santa Teresa de Ávila decía: *En aguas turbias, no se toman decisiones*, y es cierto pues ¿cómo decidir si la obscuridad no me permite ver más allá? Cuando logramos levantar la mirada, nos damos cuenta que la luz es tan clara que ilumina toda esa profunda obscuridad y que siempre ha estado ahí, sólo bastaba decidirse a abrir los ojos del alma para poder percibirla.

En nuestro caminar, nos vamos encontrando con diversas vivencias que nos quitan la paz. Tan sólo si recordáramos y fuéramos fieles a la promesa de Dios, *Confía en mí*, seguramente la vida no nos parecería una carga y ¡Vaya carga en ocasiones! pues cuando llegan las pruebas, llegan a manos llenas.

Los seres humanos solemos enfrascarnos en las situaciones difíciles y desafortunadamente se quedan grabadas en el corazón, pero sin estos momentos, no sería posible valorar todos los momentos buenos y felices que tenemos. Son "sacudidas" que nos sacan de nuestra zona de confort para quitarnos esas telarañas que no nos dejan caminar.

A sacudirse las telarañas diría un sabio médico llamado Héctor, quien además es mi papá, afirma que todos deberíamos estar pasando constantemente un trapo para quitar todo lo que se nos ha adherido y no nos deja caminar en libertad.

Si tuviéramos todo resuelto no tendría gran sentido la vida, el padre Larrañaga dice:

—Trabajo sí, angustia no.
—Ocupación sí, preocupación no.
—Trabajo en paz, ocupación con alegría.

Tres pequeñas frases que encierran un gran contenido:

trabaja, ocúpate pero por favor, no pierdas la alegría de vivir. ¿Qué sería de la luz si no conociéramos la obscuridad? Reconozcamos cada día las bendiciones en nuestra vida, todos los pequeños detalles que nos rodean porque somos seres amados.

Víctor Frankl, neurólogo y psiquiatra, vivió en campos de concentración nazi en la Segunda Guerra Mundial y nos dejó un gran legado así como testimonios del poder desafiante del espíritu humano. Para Frankl, el ser humano es libre, posee la capacidad de elegir: *El ser humano se halla sometido a ciertas condiciones biológicas, psicológicas y sociales, pero dependerá de cada persona, el dejarse determinar por las circunstancias o enfrentarse a ellas.*

Cada uno tenemos la capacidad de salir adelante a pesar de la adversidad, encarando con fortaleza cada situación para transformarla en un manojo de futuras posibilidades y jamás perder el sentido de nuestra vida. Se trata de encontrar en cada momento, una gran oportunidad de sacar lo mejor de nosotros y si este pensamiento se acompaña de una vida espiritual, no existe nada ni nadie que pueda tan siquiera tambalearte.

Así es el camino de la vida, con trayectos áridos y sinuosos que al final llevan a paisajes repletos con majestuosas flores. Lo viví en carne propia y puedo decirte que salí muy fortalecida. A continuación te narró lo que ocurrió.

El regreso de mi esposo a casa me llenó de alegría.

Fueron días obscuros donde me reencontraba conmigo misma cada noche y le hacía frente a mi realidad. Tan sólo pensaba en el momento en que recibiría su llamada para avisarme que ya venía; antes, éste era un hecho sin importancia y ahora era la diferencia de estar juntos nuevamente.

A veces damos por hecho que la vida será siempre así, la familia unida y sin aparentes problemas, sin embargo, en un segundo pueden cambiar las cosas. ¿Cómo estás en estos momentos? ¿Hay algo que te inquieta? Valora hoy lo que tienes, no esperes a no tenerlo para darte cuenta lo mucho que te importa.

Recuerdo las mañanas donde me servía un café y sentada a la mesa de nuestro pequeño comedor, creaba diferentes soluciones para que mi esposo pudiera volver. Asomada por la ventana le pedía a Dios con todo mi corazón, se abriera la puerta de nuestra casa lo más pronto posible y me permitiera verlo entrar como antes.

Y como este Dios que tengo no conoce imposibles, el día llegó: fue un 2 octubre de 2005. Recuerdo que por la mañana recibí la llamada tan esperada, estaba al teléfono con una voz entrecortada de emoción, me avisaba que venía camino a casa. Mi corazón se volcó de felicidad e inmediatamente comenzaron a salir de mi boca palabras de agradecimiento por tan maravillosa noticia. Unos días antes mis oraciones eran ruegos bañados de desesperación y súplicas, ahora el diálogo con Dios era diferente, elevaba mi oración al Cielo con mucho fervor y esperanza, misma que se hacía viva entre mis manos convertida en realidad. ¡Cuánto había anhelado este momento!

Colgué el teléfono y como una novia enamorada, corrí al clóset a sacar ropa y zapatos para reencontrarme con mi amado. Las mariposas en el estómago se hicieron presentes y la sonrisa se mudó a mi rostro. Decidí ponerme pantalón de mezclilla con una blusa de lino blanco que él me había regalado tiempo atrás. Opté por un maquillaje sencillo, el cabello alaciado y al verme al espejo, centré la mirada en mis ojos donde pude reconocer nuevamente a Adriana. ¡Qué rara sensación cuando uno mismo se reconoce frente al espejo y logra tocar su propio ser! También fue confortable darme cuenta que yo misma había cuidado de mí en cada momento, que no me había traicionado y saberme una fiel amiga en las buenas y en las malas. Me puse el perfume que había usado el día en que nos casamos, el hecho de olerlo me transportaba a momentos felices haciéndome tocar escenas pasadas.

Ya en la sala rodeada de libros y con una taza de café, me dispuse a esperar. Los recuerdos iban y venían pero no me permití quedarme con ninguno, sólo quería permanecer en el presente. El pasado me arrancaba lágrimas, el futuro me provocaba angustia, en cambio, el presente era mi momento ideal. Esto suele pasarnos a todos. Vivimos el presente centrados en el pasado o anhelando llegue el futuro. Nos hemos complicado la existencia. Si tan sólo aprendiéramos a quedarnos en el presente y vivirlo al máximo, el pasado será tan solo pasado y el presente nos dará lo necesario para afrontar el futuro.

Escuché un carro estacionarse fuera de casa, no pude evitar la tentación de asomarme por la ventana y cerciorarme quién era pues su voz es inconfundible y con tono muy alto daba gracias por el aventón. En esa época vivíamos en un tercer piso y tarde se me hacía que subiera las escaleras para verlo entrar. Ahora experimentaba sensaciones nuevas, combinación entre nervios con emoción. Por fin la puerta se abrió y muy contenta lo vi entrar. Pensaba decir mil cosas, sin embargo todo se me olvidó, no dije nada. Lo abracé y sin emitir palabras nos quedamos así mucho tiempo, recuerdo que tan sólo disfruté el momento. A veces no es necesario hablar para poder trasmitir lo que sentimos. Seguramente has vivido esto, en donde planeaste decir algo y al estar frente a esa persona especial, todo se te olvidó. En algunos casos, las palabras salen sobrando.

¡Qué gran regocijo poder abrazar a mi esposo otra vez y tenerlo frente a mí para hacerle saber cuánto lo extrañaba y cuánto lo amo! Es muy cierto que valoras lo que tienes al momento de perderlo. Infinidad de veces hemos escuchado esta frase y aunque trillada es muy cierta. Nos cuesta valorar las cosas por el simple hecho de tenerlas a diario, pero cuando las perdemos, qué falta hacen. Nuestro amor salió fortalecido en la prueba volviéndonos inseparables y un solo ser.

Dios tiene planes insospechados y es que al mes de estar juntos, mi cuerpo comenzó a experimentar algunos cambios: estaba adolorida, cansada, con ganas de dormir durante el día. Acudí al médico y el diagnóstico fue: *Adriana tienes un mes de embarazo.* Entre dudas y miedos escuché la noticia pero a la vez sentí una felicidad tan grande porque Dios bendecía mi matrimonio con un hijo. ¿Cuántas cosas tienen que pasar para que entendamos que los planes de Dios muchas veces no son los nuestros?

Abrazamos con cariño la idea de convertirnos en padres. Decidimos llamarla Valentina y los dos riendo nos decíamos: ¡Qué valiente bebé que decide venir a nosotros en semejante crisis! Con una mamá estresada por lo vivido días atrás, una familia reiniciándose en un nuevo proyecto de vida, una economía devastada, pero mi querida Valentina nos había escogido. Después de la tempestad venía la calma, aparentemente.

Pasaron los meses entre vómitos y náuseas; nadie me había dicho la espantosa sensación de tener el estómago revuelto día y noche, era luchar día a día para no desesperarme y llegar a feliz término.

Un mes antes de la llegada de mi Valentina, noté nuevamente muy preocupado a mi esposo, estaba callado y ausente. Una noche al regresar a casa le pregunté viéndolo a los ojos *¿Qué te pasa?* Y con la voz baja respondió: *¡Me acaban de avisar que tengo otra demanda!* El proceso que dejábamos atrás, se volvía a presentar, pero el entorno era diferente: con una deuda grande y a punto de recibir a Valentina. Sólo quedaba ponernos en manos de Dios porque humanamente teníamos poco que hacer.

Con la luz apagada, la casa en absoluto silencio y un Cristo arriba de nuestra cama exhalando vida, el 10 de junio del 2006, mientras el reloj marcaba las tres de la mañana, unas contracciones me despertaron. Dudaba si era o no el momento y como padres primerizos, atentos a la indicación de Víctor, mi ginecólogo, tomábamos el tiempo entre contracción y contracción. Estaba emocionada porque pronto conocería a Valentina.

Me bañé y después preparé los últimos detalles de la maleta. Al voltear hacia el reloj vi que ya eran las seis de la mañana, una hora prudente para avisarle a Víctor, pensé. Con voz adormilada me dijo: *—Los espero a las 12:00 pm. —¿Qué? ¡Tan tarde! le respondí. —Adriana esto es largo, ten paciencia,* añadió con serenidad.

Me dirigí al librero. Entre tantos libros mi mirada se clavó en *Aura* de Carlos Fuentes y lo tomé. Sentada en mi confortable sillón amarillo (nuestra primera compra de casados) comencé a leerlo mientras esperaba que se hicieran las 11:00 am para salir rumbo al hospital. ¡Qué buen recibimiento para Valentina!, algo de suspenso, pasión, amor y fantasía, ¡era perfecto! Eso quiero para ti, una vida emocionante, un suspenso día a día, un amor que amortigüe tus pasos y una gran pasión por vivir. ¿Qué deseamos para los hijos? Su felicidad y evitarles sufrimiento, pero no es así de fácil. Ellos deben aprender que la vida ofrece grandes dosis de alegría, amor, y en ocasiones dolor y miedo. Lo que sí podemos hacer, es enseñarlos a vivir y que gocen de cada momento.

A las 4:50 de la tarde, después de 13 horas con 50 minutos de trabajo de parto, recibí a Valentina entre mis brazos. Es una sensación tan maravillosa ser coparticipe del plan divino, me sentí afortunada de tenerla conmigo. Si creía haber conocido la grandeza de Dios, ahora la palpaba: el ser humano es una creación perfecta, unos segundos antes Valentina formaba parte de mí y ahora era un ser independiente.

Salí del quirófano después de una hora en recuperación y me llevaron al cuarto, el cual estaba lleno de familiares y amigos. Sentí una alegría tan grande y la felicidad corría por todo mi ser. Vi a Dámaso con una expresión de gozo y amor la cual mantenía a pesar de las risas que ocasionó entre nuestros amigos el traje de quirófano que aún no se quitaba. Agradecí a Dios por el don de la vida y por nuestra familia bendecida con una hermosa niña. La pregunta obligada en la vida de todos, ¿cuál ha sido el día más feliz de tu vida? Sin mucho pensarlo, les contesto, cuando nació Valentina.

Al día siguiente salió Dámaso del cuarto rumbo a la recepción del hospital para hacer el cierre y llevarnos a casa de mis papás para pasar la cuarentena. Cuando regresó después de varios minutos me miró muy serio y me dijo: *¿Qué crees? ya me dieron la cuenta y son $3 mil pesos que el seguro no cubre. Mi tarjeta de crédito no pasó.*

Acostada con Valentina entre mis brazos escuché la narración de Dámaso. Era vergonzoso hablarles a nuestros hermanos pidiéndoles dinero, pues meses antes ellos habían sido los que nos apoyaron prestándonos todo lo necesario para solucionar el fraude. Estaré por siempre agradecida con cada uno de ellos por semejante acto de amor.

Estábamos pensando qué hacer, cuando recibimos la llamada de la mamá de Dámaso para decirnos que nos regalaba *el dinero del cochinito*. Ahora les cuento esa historia:

Mi mamá junto con mis hermanas Gaby y Mary, me organizaron un *baby shower* al cual invitaron a mis primas y tías. Durante el desayuno, Gaby pasó con una alcancía de cochinito donde cada invitada ponía el dinero que quería y escribía en una hoja, el día y hora estimado del nacimiento de Valentina. La que se acercara más, sería la ganadora del premio o lo que es lo mismo, el dinero del cochinito.

Mi fecha estimada de parto era el 17 de junio y con ese dato, las invitadas entre bromas hacían su pronóstico. Mi suegra sacó un calendario, se fijó en la posición de la luna y escribió con certeza que Valentina nacería el 10 de junio a las 6 de la tarde. Fue quien más se acercó, por lo tanto, obtuvo el premio. Al saberse ganadora decidió regalarnos el dinero para comprarle sus aretes a Valentina.

Esa llamada fue para decirnos justamente eso. Después de colgar el teléfono, Dámaso tomó el cochinito entre sus manos, lo colocó en el piso y después de varios golpes se rompió en pedazos y el dinero se desparramó. Valentina y yo veíamos la escena emocionadas por todo el dinero acumulado. Entre billetes y monedas, Dámaso comenzó a contar. Yo permanecía inmóvil con gran expectativa de saber cuánto dinero era.

Al terminar de contar nos miró, su cara estaba iluminada con una gran sonrisa y con ojos de sorpresa exclamó: *¡Adriana, Valentina, nos vamos a casa, pues este dinero es justo lo que necesitamos para salir de aquí!*

Ahora me río y no dejo de darle gracias a Dios de saber que nunca nos deja solos, es un compañero fiel, amoroso y sumamente generoso. Así actúa en nuestras vidas, de la manera menos sospechada, y si traes a tu mente algún recuerdo de este tipo en donde el milagro tocó a tu puerta para sacarte adelante de algún problema, resulta muy gratificante saber que alguien te acompaña y vela por tus necesidades.

¿Y qué ocurrió con la segunda demanda? pues así como humanamente había poco por hacer y Dios derrama generosidad, puso a las personas indicadas en nuestro camino para llevar el proceso legal y salir victoriosos de él.

Ahora teníamos motivos de sobra para festejar: las demandas se quedaban atrás y Valentina llegaba con torta bajo el brazo, pues se convertía en el motor indiscutible para salir de semejante crisis económica.

Capítulo V

PREMONICIONES: LO QUE NO SE VE

Hay sucesos que no tienen explicación y darles un significado divino, sería mucha vanidad de nuestra parte.

Comenzaré por decirles que hablar de premoniciones es un tema controversial y sumamente delicado porque la línea entre realidad y ficción es angosta.

Debo aclarar que tampoco se trata de superstición, por ello les comparto unas palabras del libro del padre Jesús Ceja titulado, *El diablo hoy*: *El origen de la superstición proviene de un falso sentimiento religioso. El hombre necesita creer en lo sobrenatural y cuando falta lo que puede conducirle a Dios, busca lo que lleva al demonio... La mayoría de los incrédulos son supersticiosos; por no creer en Dios, creen en las mayores necedades y viven muchas veces en continuo sobresalto. En cambio los cristianos cabales se burlan de esos prejuicios y gozan de tranquilidad y libertad de los hijos de Dios.*

No es difícil identificar fraudes o charlatanes pues cuando una persona está metida en sucesos supersticiosos, también está alejada de Dios. Quizá manifieste su creencia religiosa pero va buscando en otros lugares la fe perdida.

Las premoniciones son una aptitud psicológica y pueden ayudar para rezar por una intención en particular, acrecentar la fe, prevenir para mejorar y advertir en el bien.

Me acerqué a mi gran amigo fray Salvador Zamora pidiendo me ayudara a clarificar el tema y su respuesta fue: *Los seres humanos tendemos a cerrar ciclos, quizás se tuvo un presentimiento y después sucedió algo, entonces en automático, creemos que lo sucedido fue a causa de la premonición.*

Hay personas que poseen una sensibilidad superior y perciben más que la mayoría de nosotros, es común saber de una mamá que gracias a lo que llamamos *sexto sentido* o intuición, prevé algún accidente que ocurriría a su hijo.

Creo que el punto más importante de este tema, es la confianza en Dios y no creer que los sueños, pensamientos, intuiciones y precogniciones posean la verdad. La amistad con Dios se logra mediante el diálogo constante a través de la oración, la Eucaristía y el ayuno. Sería un error suplir estos tres aspectos por momentos místicos y esporádicos creyendo que éstos nos acercan a Él.

A veces nos resulta más sencillo creer que nos hablará en sueños o por sucesos adivinatorios porque no lo sabemos escuchar y no permanecemos en silencio, en Eclesiástico (34, 1-7) nos dice lo siguiente:

Los tontos viven de falsas esperanzas; los sueños dan alas a los insensatos.

Creer en los sueños es querer agarrar una sombra o perseguir el viento.

Lo que uno ve en sueños es sólo una imagen, como un rostro reflejado en un espejo.

Adivinaciones, pronósticos y sueños son cosas sin valor, fantasías como las de mujer de parto.

Si no vienen de parte del Altísimo, no les prestes la menor atención.

Porque muchos se dejaron engañar por los sueños, y por creer en ellos se arruinaron.

Los sueños son parte de nuestra actividad natural, cuando les damos significados mágicos es cuando accedemos a terrenos supersticiosos. Ciertamente Dios habla a través de ellos pero también lo hace el demonio. ¡Bonita encrucijada saber quién lo hizo en cada momento, ¿no crees?

Los sueños de Dios traerán algo positivo a nuestras vidas, nos dejan paz y tranquilidad. Importante recordar que las cosas del maligno traen a nuestras vidas una falsa y aparente tranquilidad, inmediata y no duradera, ¡cuidado! porque la verdadera paz no es instantánea.

Es bíblico el argumento de que Dios habla por medio

de sueños. El libro de Job dice: *Sin embargo, en una o en dos maneras habla Dios; pero el hombre no entiende. Por sueño, en visión nocturna, cuando el sueño cae sobre los hombres, cuando se adormecen sobre el lecho, entonces revela al oído de los hombres, y les señala su consejo para quitar al hombre de su obra, y apartar del varón la soberbia. Detendrá su alma del sepulcro, y su vida de que perezca a espada.* (Job 33, 14-18)

Revisemos tres puntos importantes para saber si el sueño proviene de Dios:

1. Nos trae consigo un consejo, nunca será una revelación que vaya en contra de los valores doctrinales de la Sagrada Escritura.
2. Nos señala el camino hacia Dios y hacia su voluntad, bajo ninguna circunstancia la revelación irá en contra de la voluntad de Dios.
3. Deberá acercarnos más a Dios por lo tanto, nos conducirá por el camino de la vida eterna.

Actualmente estamos saturados de mucha información, de varias creencias que por el hecho de haberlas escuchado durante algún tiempo, damos por hecho que son buenas. Este tema es complejo, pero ¿qué sería de nuestra vida si no ahondamos en los misterios, con la intención de verlos a la luz de la verdad?

Desde niña tuve mucha sensibilidad ante algunos acontecimientos, a veces ni yo misma sabía dar una explicación a situaciones donde la vida, me prevenía de lo que estaba por ocurrir, sé que muchas personas comparten este tipo de sensaciones.

Cuando cumplí 5 años comenzaron mis repetitivas pesadillas nocturnas. La casa donde viví mi infancia era enorme, de cuatro pisos con entrada por dos calles. Estaba ubicada en Guadalajara y ahí viví hasta los 13 años. Solía quedarme dormida en el sillón de la sala, era un mueble antiguo de color café; el ambiente en ese lugar siempre me pareció frío y tenebroso. A las personas que nos visitaban y se quedaban a dormir, les resultaba una casa gigantesca y algo tétrica.

Recuerdo cómo cada noche la pesadilla se hacía presente con la misma intensidad: bajaba las escaleras grandes y solitarias que me dirigían a la cochera; para acceder a ellas, tenía que recorrer toda la casa. En el sueño, al ir bajando, caía por uno de los barandales y esa sensación de caída libre recorría mi cuerpo por lo que en ese momento despertaba muy asustada y ahora que lo recuerdo también viene a mi mente que nunca le conté a nadie acerca de esa pesadilla, fue algo que reservé exclusivamente para mí. ¿Qué significaba? No lo sé, pero fue el comienzo de varios sucesos.

Cuando tenía aproximadamente 6 años, se volvió una etapa complicada, pues el solo hecho de ver que la noche llegaba, me significaba temor. La habitación que compartía con mis dos hermanas, tenía una gran ventana que daba hacía la terraza. Las noches me parecían sumamente largas; mirar las cortinas moverse por el viento significaba terror recorriendo mi ser. Sentía presencias que se hacían más obvias durante la noche, y tenía la sensación de que detrás de ese ventanal, aparecería una persona.

En realidad nunca vi algo claramente, pero la sensación de no estar sola me acompañaba todo el tiempo y me ocasionaba una gran angustia. Una vez, era tal el llanto, que mi mamá me cargaba repitiéndome una y otra vez: *¡Adriana, no hay nada!* La recuerdo llevándome justo a la ventana, recorría las cortinas para demostrarme que en efecto, no había nada, pero nunca entendió que lo que yo sentía no se veía, tan solo se sentía y no era nada agradable.

Fueron noches largas donde me tapaba toda para no ver nada y si por un movimiento, mis pies se descobijaban, rápidamente me *hacía bolita* para que no volviera a suceder.

Así transcurrió mi infancia pero los sucesos premonitorios nunca se alejaron de mi vida. Ya casada, un 24 de enero del 2005, desperté con una sensación de tristeza en el alma, algo apachurraba mi corazón de tal manera que parecía que me dolía físicamente. Todo el día me acompañó el sentimiento de pérdida, intentaba explicarlo pero por más que pensaba, no daba con lo que provocaba ese dolor. Al anochecer, mientras hacía la cena cayeron por mi mejilla lágrimas que no podía controlar; la piel se erizaba y la mente jugó el papel principal trayendo a la muerte como la invitada de honor. Desconocía a quién se refería y no lo quería saber, comencé a rezar sin saber bien qué pedir y sólo hacía súplicas a Dios para que cuidara a toda mi familia y amigos. Son esos presentimientos que calan hondo sin saber por qué y lo peor de todo es sin tener la certeza de nada.

La tristeza no había desaparecido a lo largo del día, al anochecer me recosté y por fin el cansancio me venció y me quedé dormida.

A lo lejos escuché timbrar el teléfono, levanté exaltada la bocina sabiendo que la noticia no era buena. Observé el reloj que está siempre al lado de mi cama, sobre el buró y con su luz roja marcaba las 3 de la mañana. Me dirigí a la sala para contestar el teléfono más dormida que despierta y escuché la voz de mi hermano que dice: *Adriana, te tengo malas noticias*. Con el corazón acelerado contesté: *¿Qué paso?* y con voz entrecortada respondió; *¡El Indio está muerto!* Quedé en silencio y puse una barrera de defensa que no me permitió experimentar dolor en ese momento, tan sólo dije: *Gracias por avisarme.* L*e voy a avisar a mis papás y nos vemos mañana en Yahualica,* respondió mi hermano entre sollozos.

El *Indio* fue un primo muy especial, siempre me recibía contento con un abrazo y un grito y que aún me parece escucharlo: *¡Prima!* A sus 24 años de edad concluyó su vida, fue un fatal accidente después de una fiesta en Manalisco, pueblo cercano a Yahualica. Sus fiestas son en enero y el *Indio* junto a su novia y varias amigas, fueron por la noche a divertirse en este hermoso pueblo donde el frío cala hasta los huesos. Al regresar, después de varias horas, es forzoso tomar carretera y en una curva, la llanta delantera salió y ocasionó que la camioneta perdiera el control para terminar volcándose. El Indio salió expulsado lo que le provocó una muerte instantánea.

Después de recibir la dolorosa noticia regresé al cuarto donde Dámaso me esperaba despierto y ansioso de saber qué pasaba. Le conté llorando que el *Indio* estaba muerto y me recosté en su pecho intentando encontrar consuelo. No logré dormir pues la imagen de su rostro y el de mis tíos, venía constantemente a mi cabeza. Jamás hubiera imaginado que ese presentimiento de muerte correspondía a tan maravilloso ser humano, joven, guapo y rodeado de muchas personas que le querían. Se despidió el *Indio*, mi primo José Celedonio dejando un hueco en el alma de todos y un gran aprendizaje de vida.

Antes de la muerte de mi primo, experimenté otro presentimiento. Dámaso en la escuela primaria conoció a su mejor amigo, Mario con quien hizo una gran amistad. Cuando lo conocí me pareció simpático pero confianzudo, pues el mismo día que nos presentaron, comenzó a hacerme bromas de mal gusto. Con el paso del tiempo aprendí a reírme de su estilo poco formal y sumamente *carrilla*. Fue un gran amigo, en el fondo era una persona sentimental de buen corazón y con gran sentido de compañerismo. Comencé mi noviazgo con Dámaso cuando tenía 20 años y conviví con Mario durante este tiempo por lo que era frecuente que saliéramos los cuatro juntos: Mario, Mónica su novia (ahora es una de mis mejores amigas), Dámaso y yo.

Ambos viajaban mucho, su complicidad siempre fue notoria pues parecían disfrutar de las mismas cosas y viajar, era una de ellas. Después de un viaje a Colombia, asistimos a la boda de Carlos, un amigo mutuo. Mario que solía ser el centro de atención en las fiestas por su carácter extrovertido, en esa ocasión estaba serio y callado. Nos regresamos pronto a nuestras casas pues íbamos todos en el mismo carro y Mario nos dijo que no se sentía muy bien. A los pocos días nos dieron la noticia de su hospitalización.

Ese día con mis amigos de la universidad, iríamos al pueblo de Mazamitla. Antes de partir, acompañé a Dámaso para saludar a Mario. No pudimos verlo pero estuvimos con su mamá la cual se mostraba preocupada por las altas temperaturas que presentaba durante ya varios días.

Al regresar de mi viaje volví al hospital, la noticia ya no era tan sólo de un chequeo, se había convertido en algo más serio que requería terapia intensiva. Al momento de preguntar el diagnóstico, la respuesta fue: No lo sabemos, se le están haciendo muchos estudios y aún nada.

A los pocos días nos informaron sobre el diagnóstico: brucelosis (bacteria que se encuentra en los lácteos no pasteurizados), aparentemente en una versión muy agresiva y se cree la obtuvo en su viaje a Colombia. Ya teniendo el diagnóstico, el panorama mejoraba pues se sabía por dónde atacar. Mario festejó su cumpleaños número 28 dentro del hospital y Dios le regaló, un día antes del festejo, salir de terapia intensiva para trasladarlo a terapia intermedia donde podía recibir visitas. Dámaso y yo llegamos por la tarde con un pastel y entramos a verlo. Se veía feliz de estar recuperándose de la enfermedad y recuerdo que me dijo: *Le hice una promesa a Dios, ya no vuelvo a tomar.* Me reí pues con Mario nunca se sabía si estaba hablando en serio o no, después su mamá me confirmó que era en serio.

Al día siguiente, en nuestra visita diaria al hospital, me encontré con caras tristes y malas noticias pues Mario había tenido una recaída por la noche y volvía a terapia intensiva con un cuadro más crítico. Además de la brucella, aparecieron nuevas bacterias que juntas actuaban contra el cuerpo de Mario el cual se encontraba muy devastado y agotado.

El amigo que siempre fue una persona alegre y con mucha suerte en la vida, en esta ocasión no era la excepción, en él se manifestaba el gran amor que Dios le tenía. Durante toda su estancia en el hospital, un sacerdote legionario de Cristo lo visitaba a diario dándole la comunión. Mónica, su novia, tenía el privilegio de pasar a verlo a diario, no obstante que eran restringidas las visitas porque estaba muy bajo de defensas. Ella decía que era impresionante verlo acostado, con aparatos y suero pero con el mismo carácter positivo y sonriente de diario. El papá de Mario con ese amor incondicional de padre a hijo, todos los días dormía a su lado en el piso con tal de estar junto a su hijo.

Durante su estancia en el hospital, requirió transfusiones de sangre y plaquetas, esto último es un duro procedimiento el cual no todos se animan a hacerlo. Dámaso era compatible con la sangre de Mario por lo que fue su donador y posteriormente, estaba apuntado para ser también su portador de plaquetas. Lo cuestioné si estaba seguro de hacerlo pues yo sabía lo difícil que era para él estar frente a una aguja y ahora sacarían su sangre la cual pasaría por un aparato donde se separan las plaquetas, que por cierto, parecen mango y la sangre regresa a su dueño sin gran cantidad de ellas. La respuesta de Dámaso a mi pregunta fue la siguiente: *Yo por Mario daría la vida.*

Recuerdo que me quedé pensativa ante esta declaración pues lo decía tan convencido que era indudable que en realidad lo haría. Para mí fue una lección de amistad, amor y lealtad.

Mario murió un 3 de junio de 2001, rodeado de muchos amigos y familiares que hasta el día de hoy suspiran con su recuerdo. Un día antes tuve un presentimiento: *Mario va a morir mañana.* Me levanté de la cama, abrí mi clóset, saqué ropa negra y la dejé en una silla para que ya estuviera lista. Todo esto lo hice sin pensar pero con la triste convicción de saber que era verdad. Me dormí orando por Mario.

A las 6 de la mañana, contesté apresurada y Dámaso, al otro lado del teléfono, me confirmó la muerte anunciada. ¡Qué terrible fue la muerte de Mario! Vi a sus padres deshechos, a su hermana inconsolable, Mónica y Dámaso se quedaron con un vacío difícil de llenar.

De nueva cuenta, viví un suceso inexplicable. Cuando murió Alfredo, esposo de mi prima Lupita, comencé a soñarlo todos los días de manera muy intensa que me parecía estar despierta y seguir viéndolo. Fueron varios días los que estuve así pues la sensación de tener a Alfredo a mi lado, era constante. Un día entre broma y verdad le dije: *Alfredo por favor, no te me aparezcas porque de verdad no creo soportarlo, si me quieres decir algo que sea en sueño.*

Ese día me fui a dormir sabiendo que tendría una cita con Alfredo nuevamente, y el encuentro no se hizo esperar. Cuando supe que estaba frente a mí, le pregunté: ¿Qué necesitas? Sin más comenzó a decirme *DHL*, y yo sin entender mucho el significado y dudando de lo que decía volví a preguntar: ¿Qué?, *¡DHL!* y fue tal su insistencia que lo repitió tantas veces que no me quedó duda, entonces le dije: *Ya entendí DHL es el mensaje, está bien mañana mismo lo hago llegar.*

En la tarde nos reunimos en casa de mis papás en un martes familiar y durante la comida yo les platiqué lo sucedido. Entre las diversas percepciones a mi narración, me llamó la atención que la mayoría me aconsejara decírselo a Lupita cuanto antes.

Llegué a mi casa alrededor de las ocho de la noche y sin mucho pensar marqué el teléfono para hacer llegar el mensaje. Contestó Lupita y un poco apenada le dije: *—Lupita tengo un recado para ti. —¡Dime!*, respondió ella. Solté una risita nerviosa y comencé diciéndole que era un mensaje de Alfredo. Su respuesta fue inmediata: *¡No seas payasa!* (frase usual en ella), y con voz nerviosa le platiqué lo sucedido. Me contestó: *¡Ay no es cierto, no me digas eso!* y decía palabras acompañadas de diversas emociones. Entonces, *¿si entiendes el mensaje?* le pregunté y añadió: *Lo entiendo; fíjate que el contrato del teléfono de mis suegros estaba a nombre de Alfredo y tenía un seguro de vida. Mi suegra ha insistido mucho en que lo cobre pero la verdad yo no tengo ganas de tramitarlo pues me resulta muy doloroso el proceso de llevar los documentos de su muerte y justo hoy, me avisó que envió los papeles por la paquetería DHL y yo sinceramente no pensaba ir a recogerlos, pero ahora que me dices esto, si voy a pasar por ellos.*

Me dio gran alegría saber que al menos había servido de algo mis días de miedo y sueños constantes con Alfredo. Colgué el teléfono y hasta ahora no lo he vuelto a soñar. El seguro sí fue cobrado.

Es una sensación extraña experimentar situaciones sin explicación alguna. Las premoniciones han cambiado, no son iguales y nunca dejo de asombrarme.

Es común que tenga sueños, a los que llamo "sueños vividos", donde soy invitada a diversas escenas de personas allegadas que muestran su sentir. En muchas ocasiones las veo llorando o felices y es recurrente soñar con escenas donde el demonio se muestra a través de mis conocidos.

Al despertar recuerdo claramente cada sueño y no dejo de temer por lo que está por suceder; algunas veces me doy a la tarea de llamar para preguntar cómo están y sólo les digo que los tengo en mente y que los soñé sin ser muy específica de lo que vi o sentí para no causar temores, pues ni yo misma entiendo el significado.

Debo confesar que al escribir este capítulo, surgieron en mí algunos cuestionamientos que a lo largo de mi vida han estado presentes pero nunca me he detenido en ellos para esclarecerlos y es por el simple hecho, de no querer profundizar más en el tema. Es difícil comprenderlo, sin embargo, tampoco pretendo tratar de justificarlo ante los otros, es una tarea que nunca he querido asumir.

En días pasados me acerqué al padre Guillermo Chávez, sacerdote Diocesano amigo mío, con el cual comparto escenario en el programa de televisión *Siempre Alegres* y le pregunté: *—¿Qué piensa la Iglesia de las premoniciones?* Se quedó pensativo y me contestó: *—¡Es un tema delicado, se necesita discernir cada una de ellas y analizar el contexto!* Al escucharlo hablar, volvió a mí la sensación de vergüenza al estar expresando mis vivencias sin saber dar un significado.

Dudé mucho incluirlas en este libro pero las comparto como parte de mi vida y como dice el padre Memo, me queda la tarea de discernir y no dar una opinión anticipada.

Justo el día de ayer, 30 de noviembre de 2014, Adriana Gozuh, mi correctora del libro, envió corregido este capítulo y por la noche, cuando ya todos dormían, me dispuse a revisarlo. Después de leerlo varias veces y anexar detalles que me faltaban, cuando voltee a ver el reloj, ya marcaba la una y media de la mañana, las horas habían pasado rápidamente. Cerré mi computadora y realmente cansada, me quedé dormida en cuestión de minutos. De pronto comencé a sentir algo oprimiéndome con fuerza. Al momento de percatarme, la sensación era como si una persona estuviera encima de mí haciendo gran presión sobre todo mi cuerpo, vulgarmente conocido como "Se me subió el muerto". Eso ya lo había experimentado antes, y de manera inconsciente, los rezos se hacían presentes pero en esta ocasión fue algo diferente. Sé de muchas personas que han experimentado este tipo de sucesos, es interesante intercambiar comentarios pues resultan muy similares las vivencias.

La sensación se volvía más intensa y no sólo lo sentía, ahora también lo escuchaba. Repetía con mucha ira: *¡No te voy a dejar, no te voy a dejar!* Ahora no bastaba el sentirlo arriba de mí, pues también lo escuchaba de manera nítida. Si me preguntan ¿cómo fue? ¿qué sentías? Tan sólo puedo contestar, que fue tan real que experimenté una guerra espiritual dura y debo de confesar que tuve miedo pero jamás me sentí incapaz de salir adelante, es como si la oración obrara maravillas pues la fortaleza llegó a manos llenas.

Luchaba fuertemente, con gran fe y sin dudarlo, mi boca se abrió para rezar el Padre Nuestro. Fue una pelea difícil pero al momento de terminar mis rezos, desperté. Mi corazón latía rápidamente, me acerqué a Dámaso que estaba completamente dormido y muy asustada, trataba de calmarme sin intentar descifrar lo que acaba de vivir. Con los ojos fijos en mi Virgen de Guadalupe que me acompaña en mi recámara, consagré a toda mi familia, mis sueños, toda mi casa y todo mi ser, después de varios minutos logré dormir en paz.

Capítulo VI
UN HUÉSPED INCÓMODO

El demonio actúa de manera sutil haciéndonos creer cosas que no son.

¿Cuántas veces a lo largo de tu vida has escuchado hablar del demonio? Hay una gran diversidad de términos con los que se le conoce y cada que lo oímos, preferimos evadir el tema pues nos resulta intenso. En Oseas (4, 6) están escritas estas sabias palabras: *Mi pueblo perece por falta de conocimiento*, por lo que resulta más sencillo o quizá más cobarde evitarlo para no sentir el llamado al compromiso; ciertamente no debemos fijar toda nuestra atención al mal pues seríamos presa fácil y nos quitaría la paz de nuestra alma.

El coquetearle al demonio es darle entrada, ya que de manera sutil, le estamos diciendo al oído: *ven*. Es por eso que el tema en sí es sumamente delicado para permanecer en la ignorancia, es mejor conocerlo y tener la capacidad de decir NO ante sus seducciones.

Hay que tener claro que el demonio actúa a diario porque estamos decidiendo qué hacer a cada segundo y los días pasan tan rápido que, cuando nos damos cuenta, pasaron los años e hicimos de nuestra existencia lo que no queríamos.

Se nos ha mostrado al demonio como un ser espantoso pero recordemos que fue uno de los más maravillosos ángeles que Dios creó y que tristemente, no soportó estar por debajo de su creador. Así de maravilloso, se sigue mostrando ante nosotros, pues nos susurra al oído todo lo que deseamos. Aquellos placeres y goces momentáneos los trae a la orden del día, por lo que es tentadora su propuesta.

Dios permite que decidamos a través del libre albedrío y con esa libertad, nos deja a cada uno hacer de nuestras vidas lo que queramos. Toma en cuenta que todos nos equivocamos y cuantas veces necesites ayuda, ahí estará Él. Basta visitarlo en el Sagrario en donde te espera en todo momento; ábrele las puertas de tu alma para que entre a inundarla de gozo y amor, y sea tan grande su luz que penetre en lo más profundo, ahuyentando las acechanzas del enemigo.

Te pido que pongas en práctica lo siguiente para fortalecerte y saber distinguir lo que viene de Dios y lo que no:

1. Da a los demás lo mejor de ti. Ésta es una tarea del día a día que seguro podrás lograr.

2. Haz de tu existencia algo especial. La alegría por vivir es una elección.

3. Convéncete que eres amado a pesar de haberte equivocado. Éstas son palabras de esperanza para todos los que estamos en el camino de la vida.

4. Acércate a los sacramentos de la reconciliación y la comunión, así tendrás la fuerza necesaria y difícilmente el demonio podrá vencerte.

5. Ten confianza y no te preocupes, recuerda: si las cosas no andan bien, seguramente es porque aún no han terminado.

Recordemos lo que nos dijo Santa Teresa de Ávila: *¡Sólo Dios basta!* Suena sencillo y así es, la confianza en Él debería ser suficiente pero ahora te platico mi experiencia.

Cuando asistía a retiros espirituales de niña, mi mamá me mandaba una carta donde decía que le gustaba ver que tenía mucha fe y que a pesar de que ella y mi papá no eran ejemplo fehaciente de las prácticas religiosas, confiaba en mí para que fuera ejemplo para mis hermanos; nada más alejado de la realidad pues no sé en qué momento de mi vida perdí el camino en la incansable búsqueda de la verdad.

Con esa curiosidad que me caracteriza, comencé a buscar respuestas en una falsa espiritualidad. Me llené de lecturas como: numerología, sana tu mente, quiromancia, *new age*, ángeles, etc. Acudía a la lectura de cartas, café, mano y demás cosas adivinatorias pero claro, según yo seguía por el camino de la espiritualidad, llena de luz, de karma positivo y un sinfín de expresiones que tan solo delataban que ya me encontraba inmiscuida en estas prácticas.

Un día, varias primas y yo llegamos a casa de mi tía Leticia quien es una hermana muy allegada a mi mamá, a escondidas sacamos del clóset una ouija que le habían regalado a mi tío en su trabajo. Todas sabíamos que no era bueno jugarla, se decían tantas cosas acerca de ella y aunque ya estábamos advertidas, la curiosidad y la complicidad eran mayores. Nos dirigimos a la recámara del fondo de la casa; con la puerta cerrada, prendimos una pequeña lámpara que dejaba la habitación a media luz. Aún recuerdo la escena como si la estuviera viviendo en este momento. Todas reunidas alrededor de la tabla y por turnos, jugábamos de dos en dos. Hacíamos preguntas acorde a la edad, le preguntamos acerca de los niños que nos gustaban, de las calificaciones que sacaríamos; teníamos entre 9 y 11 años.

Y las respuestas se hicieron presentes. A una prima se le ocurrió preguntar: *¿Qué espíritu es el que nos está contestando?* y de inmediato respondió que era de un joven atropellado indicando el día y el lugar exacto donde había muerto. Nos dio mucho miedo ver que la ouija se movía rápidamente indicando el nombre de calles con fechas exactas. Aventamos la tabla, corrimos a la recámara y nos quedamos sumamente espantadas. Al momento de dormir, nadie quería estar sola. Nos acostamos juntas en las camas, estábamos petrificadas de terror y el solo hecho de pensar en que se me destaparan los pies, me daba pánico. Me encogí, me tapé hasta la cabeza y no dejé de rezar.

Al día siguiente, le platicamos lo ocurrido a mi abuela Jero, una mujer piadosa que todos los días asistía a misa, rezaba el Rosario y la recuerdo con un velo negro cubriendo su larga cabellera blanca. Con gran sabiduría nos instruyó sobre las implicaciones que tiene jugar ouija. Fue tanto el miedo que sentí, que recuerdo estar en la Iglesia de Yahualica implorando protección a san Martín de Porres y confesando al sacerdote nuestro aparente "juego inofensivo". Una persona necesitada de Dios, mal influenciada y debilitada en la fe, acude arrepentida al sacramento de la reconciliación convencida de no volver a pecar y tristemente cae una y otra vez. ¿Te ha pasado?

Y como las cosas no paran tan fácilmente, un día recibí la llamada de una gran amiga para invitarme a un curso de registros akáshicos, una supuesta memoria de tu alma desde que fue creada. Es como un gran libro donde están registradas todas tus emociones, pensamientos, experiencias de vida, contratos álmicos o karma. *Abriendo tus registros akáshicos, podrás tener acceso a información que te ayudará a sanar y liberar cualquier situación que te esté afectando en ese momento.* Es una hermosa definición que tomé de internet sólo que en la realidad, se trata de una práctica engañosa donde abres puertas de tu alma, con lo que quedas vulnerable. Al momento de recibir la invitación, sentí curiosidad pero había algo dentro de mí que me decía: *¡No vayas!* Entonces, mi respuesta fue: *No gracias, no tengo dinero*. Me insistió tanto, que con tal de que fuera, mi amiga terminó pagando el curso. ¡Cómo actúa el enemigo que hasta me lo regaló! Cuando las cosas no son buenas, existe algo que te susurra al oído *No lo hagas* pero qué fácil es callarlo, de esa vivencia he aprendido mucho, a confiar más en mí y a ser inflexible cuando está de por medio el alma.

Las sesiones fueron en su casa por las tardes. Cada día se tocaban temas bastante profundos como reencarnación, misión de vida o muerte, y claro, en mi confusión, yo creía todo y no me parecía raro escucharlo, sin embargo, la sensación al final del día, era de insatisfacción y miedo.

Llegó la sesión donde entramos de lleno al tema de los registros akáshicos y en pares nos acomodamos. El ejercicio consistía en autorizar que alguien entrara a tu alma mediante oraciones, para ser mostrada en sucesos o eventos importantes, tus vidas pasadas y así, en base a esa experiencia, pudieras comprender tu vida actual. Ahora que conozco las consecuencias de permitir semejante absurdo, no puedo creer que yo me haya prestado a eso. El demonio es tan astuto que sigilosamente va entrando a nuestra vida sin que nos demos cuenta.

En una ocasión llegué muy temprano a la reunión y me tocó conversar a solas con la maestra. Me confesó que yo era alguien con dones muy especiales y que no estaba ahí por casualidad, que su maestro astral me había mandado con ella para que este aprendizaje, siguiera de generación en generación; veía en mí a alguien grande, con mucha capacidad... y demás comentarios aduladores. Atenta escuchaba sintiéndome engrandecida; nuevamente el demonio actuaba diciéndome al oído lo especial que supuestamente era. Al terminar su monólogo, comentó que el tema a tratar ese día era exorcismos a lo que contesté con un rotundo *¡NO!* De niña vi la película *El Exorcista* y me marcó mucho. Hasta la fecha recuerdo las espantosas imágenes, y pensar en eso me provoca dolor de estómago. Al ver mi reacción, comenzó a persuadirme con tal habilidad, recordándome lo especial que era y que yo estaba precisamente para eso, *para ser una salvadora de humanos* y ¿qué creen?, sin mucho pensar nuevamente dije *¡Sí!*

Comenzaría con una oración, la cual se haría de manera única para abrir todos los sentidos y poder experimentar diversas sensaciones. Nos advirtió que lo pensáramos muy bien, pues no había vuelta atrás y al momento de aceptar dicha oración, estaríamos vulnerables a cuanta cosa existía. Después de unos momentos en silencio, todos aceptamos hacerla. La maestra la dirigía y los demás repetíamos. Concluido el rezo, iniciamos con el tema del día: exorcismo. Me tocó supervisar a una de las compañeras cuando se lo practicaba a otro. Mi papel era tan solo de espectadora para que todo se siguiera al pie de la letra, pues teníamos en nuestras manos, hojas con las oraciones que se debían hacer.

Al hacer la supuesta oración, el compañero al que se le estaba practicando el exorcismo, empezó a sentirse mal. Sus manos se torcieron y por todo su rostro caían gotas de sudor, gritaba: *¡Rápido, rápido porque no aguanto!* Ante tal escena, corrí en búsqueda de la maestra para su ayuda y de inmediato nos pidió a todos los participantes, hiciéramos un círculo de oración. Recuerdo la escena y de verdad para mí fue aterradora; lo único que pude hacer fue orar sin parar, me aferré a un misterio que traía en mi mano como pulsera decorativa, sabía que Dios era el único que podía ayudar. Si te fijas, era una mujer incoherente, por un lado practicando cosas por falta de amor y fe en Dios y al mismo tiempo, suplicándole su protección, creyendo en él pero dudando de su poder.

Desconozco cuánto tiempo pasó pero estuve frente a una manifestación del mal, viendo a la persona torciéndose y con una expresión en sus ojos difícil de narrar. Al concluir con este evento, decidí no regresar más al curso, ya había escuchado y visto suficiente. Por fin tuve fortaleza para decir ¡NO! pues una y otra vez caía fácilmente.

En los días siguientes, viví escenas obscuras como de una película de terror, incluso no podía dormir por las noches. Me aferraba de tal manera a Dámaso, mi esposo, quien con paciencia soportaba mis miedos. Él me acompañaba en todo momento pero quedarme sola en casa, era un sacrificio pues la sensación de persecución era constante, hasta me parecía ver un niño con una cara de diablo pasearse por mi departamento. Al momento de subirme al carro, sentía como si alguien estuviera constantemente conmigo y no de manera cordial, sino una sensación de tortura. Fueron días muy difíciles donde estaba pagando las consecuencias de mi curiosidad ante la supuesta vida espiritual que pretendía llevar. Y vaya que se pagan duramente, pues en la falsa búsqueda de paz sólo encuentras desasosiego y desesperanza.

Todos los días asistía a la iglesia pidiendo ayuda a Jesús, pues las sensaciones eran tan manifiestas que comencé a sentir que me tocaban la espalda. Ya habían transcurrido cuatro días y yo seguía experimentando esto, hablé con una gran amiga llamada Elizabeth, a quien conozco desde la infancia y en alguna ocasión, me comentó que conocía a un sacerdote que realizaba misas de sanación y liberación, por lo que le pedí me hiciera una cita y me acompañara. Su respuesta fue inmediata pues vio en mí una gran desesperación, así es que al día siguiente, ya estábamos las dos esperando el turno para hablar con él. Durante la espera, repasaba mentalmente todo lo que le quería decir y me daba pena saber lo débil que había sido, mi falta de capacidad para rechazar algo que sabía estaba mal.

Entramos Elizabeth y yo a su oficina y lo vi sentado detrás de un gran escritorio lleno de papeles. Sin perder mucho tiempo le narré lo sucedido. Él desconocía de los registros akáshicos, le expliqué de qué trataban y con una cara de asombro, asentía ante mi plática. Al finalizar se puso de pie, no me regañó ni me juzgó, tan solo sacó un libro del mueble de madera que se encontraba en la parte de atrás, se paró frente a mí, impuso sus manos y comenzó a orar; mientras él hablaba, yo oraba también a Dios pidiendo perdón por tan grave error cometido e implorando misericordia para su hija quien se encontraba desesperada. Al terminar la oración, me dijo que me confesara, comulgara y que jamás volviera a esas prácticas.

Esto ya lo sabía, desde niña crecí con este conocimiento, pero de saberlo a creerlo, había un gran abismo. La fe no basta conocerla, se necesita el compromiso. Es como una apuesta, diría el padre Larrañaga ya que *se toma o se deja, pero no hay medias tintas.*

Salí de ahí sintiéndome mejor pero al paso de los días, volvió el miedo, las pesadillas y la sensación de ser tocada por la espalda. Hablé con mi amiga Mónica quien también había asistido al curso de los registros akáshicos pues ella se encontraba con las mismas espantosas sensaciones de ver cosas, sentir y no poder dormir. Durante la plática me vino el recuerdo de mi querido tío Humberto Arizpe, quien tenía muchos años coordinando retiros espirituales carismáticos y por su testimonio y de familiares que habían asistido, sabía que Dios actuaba de manera milagrosa. Le comenté a Mónica del retiro y de la necesidad de asistir pues tan solo Dios podía liberarnos de eso. Al haber sido yo quien la había invitado al citado curso, me sentía muy culpable teniendo la necesidad de ayudarla. Colgué con ella e inmediatamente le marqué a mi tío

Humberto para preguntarle cuándo sería el siguiente. Para mi sorpresa respondió que en una semana comenzaba. ¡Qué gusto me dio escuchar esas palabras! Le pedí en ese momento que apartara lugar para las dos.

El día que iba rumbo al retiro, reflexioné sobre lo siguiente: ¿hasta dónde me ha llevado mi curiosidad? Fue una sensación de traición a mí misma y eso me hacía sentir muy triste.

Llegamos al Templo de la Asunción que se encuentra en Tlaquepaque. Caminé a la entrada, al momento de ingresar me recibieron dos personas dándome la bienvenida con un abrazo y con unas palabras que fueron el comienzo de mi anhelado reencuentro, "Dios te espera". ¡Qué maravillosa sensación de esperanza después de días de intenso miedo!

El lugar era muy sencillo: dos salones vacíos en la entrada, un baño a medio terminar, seguido de un gran patio con tierra, una cocina montada en la parte de afuera cubierta con una gran lona de propaganda política, el salón para velar a los muertos era la pared de la cocina *hechiza*. Al fondo se encontraban dos baños sin piso, a un costado estaba la capilla adornada con telas blancas y azules donde día y noche tendríamos al Santísimo expuesto, y sobre una mesa, la imagen de una Virgen hermosa; en conjunto hacían de este humilde lugar, algo especial donde la paz se respiraba con tan solo ingresar.

Conocí a quien sería mi pastora, su nombre es Rufina, una señora joven que venía del rancho Corralillos. El recibimiento fue cálido, comenzamos a platicar sentadas en unas sillas en medio de toda una organización ansiosa de llevar a Dios a los corazones. Rufina fue un ángel para mí; una mujer humilde con una gran sabiduría quien me dirigía palabras que penetraban mi alma. Llegué sintiéndome indefensa y desprotegida ante una situación fuera de cualquier raciocinio, y ella compensaba ese sentimiento mostrando mucho cariño. Me presenté con un aire bañado de soberbia, le comenté todos los estudios que tenía a lo que ella contestó: *¡Qué bonito Adriana que Dios te ha permitido estudiar tanto, a mí me hubiera gustado hacerlo pero mi situación es muy diferente y quizá, mi misión también!* Hizo que bajara la cabeza y reconociera mi soberbia, me apené de mí misma. Vi en ella una gran mujer y valoré mucho, sin pretensión, la oportunidad que Dios me daba al tener acceso a diversos estudios.

Fue muy larga la recepción y por fin nos asignaron lugar dentro de los dos cuartitos. Acomodamos nuestras maletas en una esquina para apartar nuestro espacio pues no teníamos camas, tan solo un pedazo de suelo. Era diciembre, hacía mucho frío y el piso parecía estar congelado. Ése sería nuestro refugio en los 4 días de encuentro.

Nos dirigimos al salón grande donde ya nos esperaban todos los organizadores. Cuando entré, me pareció haber llegado a un refrigerador, traía una chamarra que Dámaso me había prestado y sentía cómo el frío traspasaba aquella gruesa tela. Con las manos dentro de las bolsas y encogida de hombros, me senté en mi lugar. Mis ojos lo recorrieron todo y logré percibir un cálido aire de esperanza y el gran amor que los coordinadores manifestaban hacia las ovejas que éramos los encuentristas.

La presentación fue muy larga, cada uno de los participantes se tenían que parar al frente y decir unas palabras. Al momento de saber que seguía mi equipo, empecé a ponerme nerviosa y repasaba por mi mente las palabras que dirigiría a mis compañeros. Cuando pasé al frente, lo planeado se había borrado, entonces mis labios se abrieron y salió de mi boca, sin mucho pensar lo siguiente: *Vengo a reencontrarme con Dios y a pedirle que tome mi mano y que nunca me suelte*. Recuerdo voltear a ver a Carlos, el coordinador quien me dijo: *Muy bien Adriana, que te tome de la mano y que nunca te suelte*.

La primera dinámica nos mostraba a través de una pequeña obra de teatro que de manera convincente, nos hacía reflexionar en cada una de ellas todas las tentaciones que pone el demonio. Desde mi lugar, en mi banca vieja y fría, pensé en todas aquellas tentaciones en que había caído. Terminando cada dinámica, aprovechábamos Mónica y yo para reunirnos y platicar cómo íbamos. Las dos estábamos contentas pero nada había pasado aún en nuestros corazones.

El viernes por la tarde nos reunimos cada equipo, se trataba de conocernos más y hablar de cómo nos sentíamos. El retiro había comenzado un día antes, es decir el jueves y al momento de compartir, cuando tocó mi turno, les platiqué lo sucedido en el curso de los registros akáshicos y todas las cosas que estaba experimentando, las cuales me tenían aterrada y con un sentimiento de profunda inseguridad.

La cara de Rufina se paralizó, fue muy obvia. Ahora me cuenta que no se esperaba que estuviera viviendo semejante cosas y Dios no se equivoca, ella también había experimentado en algún momento de su vida, cosas referentes al demonio por lo que logró comprenderme y hablarme desde su experiencia. En los retiros es común que lleguen personas con problemas de pareja, de adiciones, depresiones, duelos, gran cantidad de necesidades y en esa ocasión, yo llegaba con un severo problema espiritual y clamaba ayuda a Dios.

Rumbo al salón, me detuvo Rufina y me llevó con el equipo de intercesión, que son personas que durante todo el retiro se dedican a orar por las almas que se congregan ahí. Me pidió Rufina que le platicara a don Chuy todo lo sucedido a don Chuy, quien era la persona encargada de los intercesores. Él y yo nos sentamos debajo de un árbol con las sillas frente a frente.

Comencé a narrar mi historia, paso a paso le conté todo lo que viví y la espantosa sensación de ser tocada por la espalda, el delirio de persecución que experimentaba además de las pesadillas que no me dejaban dormir. Era una larga historia pero prestaba oídos a mi relato, muy atento, sin exclamar nada ni asombrarse. Aprovechando a mi excelente oyente, dije todo lo que difícilmente a otra persona le podía decir por miedo a ser juzgada o etiquetada. Terminé de hablar, lentamente don Chuy levantó su cabeza, con una mirada muy amorosa y compasiva se detuvo un rato a observarme y sacó una hoja para leerme esta oración: ABANDÓNATE EN MÍ

Me desahogué y solté un gran peso que traía a mis espaldas. Confortada y muy agradecida, caminé hacia el salón para encontrarme con mi grupo y Rufina, quien me esperaba ansiosa de saber cómo me había ido con don Chuy.

El sábado por la tarde mi corazón se sentía restaurado pero faltaba algo en mí que no me hacía estar contenta. Llegué al salón para escuchar el siguiente tema y la dinámica del retiro ya me la sabía: primero alabanzas, las cuales bailaba sintiéndome algo ridícula. Después pasaba al frente uno de los organizadores para exponer un tema, comenzando con una cita Bíblica para introducirnos a él. Enseguida, daba su testimonio que siempre resultaban fuertes y sumamente conmovedores, y para cerrar la participación, hacíamos una oración.

En cada tema lloraba libremente contagiada del dolor ajeno, casi ningún tema se aterrizaba en mi vida, lo que me hacía comprender cuán afortunada era y cómo me había bendecido Dios en todo, con unos excelentes padres, hermanos, esposo y rodeada de grandes amigos.

Casi entrada la noche del sábado, escuché hablar del Pentecostés. Con gran expectativa esperaba el momento, pues se decían tantas cosas que sucedían con la venida del Espíritu Santo. Un poco temerosa llegué al salón, el ambiente era diferente pues se respiraba entre los coordinadores una solemnidad antes no vista. Muy serios nos recibían y cada uno de nosotros nos colocábamos en el lugar asignado. Cerré mis ojos y me abandoné tal cual decía la oración que me leyó don Chuy. En completa paz sucedió lo tan anhelado, sentir a Dios actuar en mí. Era tan poca mi fe que no me bastaba con saber que Dios estaba conmigo, yo quería sentirlo. Como santo Tomás, también necesitaba meter el dedo en la llaga.

Comencé a experimentar una sensación que recorrió todo mi cuerpo, fue tan fuerte que me hizo reconocer cómo iba y venía por cada parte de mi ser. Un calorcito se hacía presente y me llenaba de gozo pues lo percibía como si fuera una nube de humo que rodeaba mi cuerpo para traer gran esperanza. Entre todo ese escenario divino, llegaron a mí escenas de una película que se paseaba por mi mente con gran claridad. Me vi en la etapa de la primaria cuando corría a la capilla al gran encuentro con Dios, eran imágenes tan palpables que no podía dejar de llorar al estar recordando tan hermosa etapa.

Reviví la sensación de ver entreabiertos los cuartos de las madres, y al momento de ingresar a la capilla, me detuve pues ya estaba alguien esperándome. No podía creer lo que veía frente a mí, fue Jesús con su vestimenta blanca y los brazos abiertos quien me dio la bienvenida y me dijo: *¿Dónde estabas Adriana?, te estaba esperando*. Fue algo tan maravilloso, una sensación de soltar el cuerpo y por fin saber que estaba segura; lo tomé de la mano y juntos caminamos. Mientras yo era espectadora de semejante escena, me vi con mi jumper azul marino, mis calcetas en color rojo con azul características del Colegio Nueva Galicia y con mi melena mal peinada, feliz junto a él.

Ese momento fue un despertar a la conciencia y pude ver con claridad lo que mis ojos antes no veían; comprendí el error en el que estaba al querer encontrar a Dios en el lugar equivocado, me percibí perdonada y tuve la certeza de que Él siempre había permanecido junto a mí, esperando el momento en que le abriera la puerta. Fue darme cuenta que Dios está siempre con todos nosotros, creamos o no creamos, tengamos fe o no tengamos fe, lo sintamos o no, el permanece ahí siempre.

Caminamos juntos, tomados de la mano. Yo seguía siendo niña y Él seguía siendo el mismo. Pasamos por lugares maravillosos, nos detuvimos debajo de un hermoso árbol donde permanecimos sentados, sin dejar de platicar en ningún momento. Éstas son escenas que siguen grabadas en lo más profundo de mi alma y cuando estoy en momentos difíciles, regresan a mí de manera inmediata, es por eso que considero importante que todos tengamos un refugio así, esos sitios divinos a los que podamos acceder en momentos donde los lugares del mundo no son suficientes.

Mientras vivía esos instantes, a lo lejos escuchaba la voz de la persona que oraba intensamente por nosotros; yo no quería regresar pero era evidente que mis sentidos lo pedían. Cuando hice conciencia de la voz del predicador, escuché que se había colocado muy cerca de mí, y con gran entusiasmo decía: *¡Gracias Dios porque has actuado en tu hija amada!* Y comenzó a narrar situaciones que yo experimentaba como si él viviera mi sentir, estaba impactada ante semejante suceso porque sin dudarlo, se refería a mí.

A partir de ese momento, hice una promesa a mi amado Jesús; le propuse que jamás soltara mi mano pues yo jamás me soltaría de la suya. Sabía con pleno conocimiento lo que estaba diciendo y venía a mi mente la cita bíblica *deja todo y sígueme*. Entró en mi cuerpo un temor, representado con un escalofrío, pero era más grande la convicción de saber que lo aceptaba con tanto amor y que pasara lo que pasara, siempre sería mejor con Él que sin Él.

Esa promesa la llevo tatuada en el alma, en las buenas y en las malas, siempre le digo: ¡Aquel día te prometí una vida tomada de tu mano y sigo aquí a pesar de todo!

Ése fue el inicio de mi nueva vida, donde la fe llegó a manos llenas y el reencuentro fue fulminante. Ahora estoy en el camino de la perseverancia, hice vida la oración de santa Teresa: *Sólo Dios basta*.

Capítulo VII
EL PERDÓN:
FUENTE DE VIDA

Hay que darnos cuenta que vivimos en clave de eternidad
y cada uno decide si vive el Cielo o el infierno.

En la actualidad existen dos grandes visiones de vida: una es la *visión pagana* y la segunda es la *visión trascendente* o llamada *visión cristiana.*

En la visión pagana, se tiene la creencia de que el ser humano tan sólo nace, crece, se reproduce y muere, por lo tanto, se le da todo el peso a ser feliz aquí y ahora, en pocas palabras: *gozar la vida porque vida, solo hay una.* Esta visión tentadora ofrece un gran menú a la carta: eugenesia, eutanasia, aborto, hedonismo, consumismo, individualismo, entre otros.

Los seres humanos hemos desarrollado más habilidades derivado del uso de la tecnología que avanza a pasos agigantados. Definitivamente brillamos en ciertas áreas, pero tristemente, algo no está funcionando como debiera;

tenemos más herramientas que nos ayudan a ser mejores seres pero lo humano, está en decadencia. Estamos en total confusión porque ahora se viven los antivalores como valores y defendemos actos aberrantes con gran convicción y egoísmo.

Suena lógico pensar en el placer a toda costa, entonces ¿por qué no darle rienda suelta? Hace unos días, me enteré que una amiga descubrió que su esposo le era infiel. La tercera en discordia publicó frases en su facebook que delataban su visión meramente pagana: *Lo importante es ser feliz, La vida es un instante, disfrútala*, y cosas por el estilo. Entiendo su búsqueda de la felicidad pero no debiera ser a costa de otros, porque destruir una familia, dejar hijos sin padres y hacerlos vivir un proceso de separación sumamente doloroso, son las consecuencias de decisiones superfluas, egoístas, las cuales, al final, le dejarán en el alma una profunda tristeza.

La visión trascendente nos da otro panorama:

- La posibilidad de ver, aun en el dolor, una esperanza de vida.
- Confirma que somos unidad inseparable de cuerpo y alma, por lo tanto, buscar el bienestar físico y el bienestar espiritual es una tarea que no debemos separar.

Se cree que la visión trascendente es estricta y difícil de conseguir, pero les tengo una noticia, es mucho más sencilla de lo que parece. Cuando un ser humano actúa con base a los valores y hace de ellos un puñado de virtudes, se desencadena en él una gran satisfacción por la vida. Con frecuencia encontramos personas con profunda tristeza a pesar de que lo tienen todo; cuando pisamos constantemente en terreno pagano, pisamos tierras movedizas haciéndonos incluso, llegar hasta el fondo. A diferencia de la visión pagana, en la cristiana nos reconocemos hijos de un Creador y tenemos la necesidad de ir en su búsqueda, lo cual le da sentido a nuestra existencia.

La sociedad y los medios de comunicación nos cuentan historias y muchas veces terminamos por creerlas, pues sólo las cuentan a medias. Cuando pretendemos estar en la visión trascendente, debemos cuidar que la visión pagana no nos gane. De eso se trata precisamente la vida, de aprender a vivirla, saborear las cosas buenas, gozarlas con los pies en la tierra y la mirada al Cielo.

En el *Antiguo testamento* prevalecía la ley del Talión: *Ojo por ojo, diente por diente*. Jesucristo viene a perfeccionar la antigua ley y viene a decirnos que debemos ir a la vida, que la justicia sin misericordia no es justicia, que la justicia sin amor no es justa, es por eso que a partir de sus enseñanzas, las ofensas recibidas deberán perdonarse, porque el perdón forma parte del amor y Dios es amor.

En el camino de la vida vamos recogiendo resentimientos que guardamos en el corazón y terminan por permanecer en él durante años. Esa reacción que nos llevó al resentimiento, no podría habernos herido si nosotros mismos no lo hubiéramos permitido. En el instante en que una persona está resentida, es cuando se re-siente de aquel suceso doloroso de su vida y cada que lo recuerda, a pesar del tiempo, le vuelve a doler. Es importante saber que no toda ofensa produce un resentimiento ¿quién le da el poder a que esto suceda? somos nosotros mismos. Entonces resulta de gran ayuda y satisfacción saber que la decisión no depende más que de mí.

Tenemos posturas ante la vida que nos hemos creado, ¿cuál es la que tú muestras? Enojo, venganza, víctima, o la postura de perdón. En estas reacciones ante la vida, es común que caigamos con mayor frecuencia en una de ellas; importante es tener autoconocimiento para darnos cuenta en realidad, cuál predomina. Es fácil reconocer en la vida a las personas negativas o a las que han caído en el juego de ser siempre las víctimas, estas posturas van acompañadas de sufrimiento, mismo que cada uno ha decido tenerlo; cuando logramos ver la vida desde el perdón, encontramos razones de sobra para sonreír.

El perdón es una decisión de vida y no basta con conocer la teoría, necesitamos hacer uso de cuatro grandes virtudes, las llamadas cardinales: templanza, prudencia, fortaleza y justicia.

La templanza nos lleva a la moderación ante los placeres, además de hacer correcto uso de los bienes. Esto lo logramos a través de la voluntad, de ser personas que forjadas con carácter y decisión, tengamos la capacidad de controlarnos ante un bien superfluo para lograr un bien mayor.

Cuando hablamos de prudencia, viene a mi mente la leyenda de "El triple filtro". En la antigua Grecia, Sócrates fue famoso por su sabiduría y por el gran respeto que profesaba a todos. A él se le atribuye la siguiente anécdota.

Un día, un conocido se encontró con el gran filósofo y le dijo: —¿Sabes lo que escuché acerca de tu amigo? —Espera un minuto —replicó Sócrates—. Antes de decirme nada quisiera que pasaras un pequeño examen. Yo lo llamo el examen del triple filtro. —¿Triple filtro? —Correcto —continuó Sócrates. Antes de que hables sobre mi amigo, puede ser una buena idea filtrar tres veces lo que vas a decir. Es por eso que lo llamo el examen el triple filtro. El primer filtro es la verdad. ¿Estás absolutamente seguro de que lo que vas a decirme es cierto? —No —dijo el hombre—, realmente sólo escuché sobre eso y... Bien —dijo Sócrates— , entonces realmente no sabes si es cierto o no. Ahora permíteme aplicar el segundo filtro, el filtro de la bondad. ¿Es algo bueno lo que vas a decirme de mi amigo? —No, por el contrario. —Entonces, deseas decirme algo malo sobre él, pero no estás seguro de que sea cierto. Pero podría querer escucharlo porque queda un filtro: el filtro de la utilidad. ¿Me servirá de algo saber lo que vas a decirme de mi amigo? —No, la verdad que no. Bien —concluyó Sócrates—, si lo que deseas decirme no es cierto, ni bueno, e incluso no me es útil, ¿para qué querría yo saberlo?

En conclusión, para qué queremos saber todo aquello que daña la dignidad de mi prójimo, más aún, para qué abrir los labios si lo que vamos a decir va a provocar resentimiento en el otro. Mi abuela contaba que la dignidad de las personas es un vaso de cristal con agua, déjala caer al piso y jamás volverás a recoger el agua. El peso de las palabras es incalculable. En adelante, nuestra tarea será cuidar que nuestros labios se abran para expresar palabras de aliento, de consuelo, no para expresar palabras de odio hacia el prójimo.

La falta de perdón carcome el alma y se dice que es un veneno, lo tomamos esperando le haga mal a otro. Un corazón resentido es un corazón lastimado. Una persona con resentimiento se convierte en un ser humano herido y anida en su alma las tres "S" que pesan como un costal repleto de piedras:

- Pierde la seguridad
- Elimina la sociabilidad, y lo más triste,
- Termina por no encontrarle sentido a la vida.

¿Cómo combatimos las tres "S" que no nos permiten avanzar? Con un antídoto maravilloso llamado verdad. Cuando logramos voltear hacia la verdad, descubrimos un panorama más amplio y curiosamente las cosas se visualizan desde otra perspectiva, y con esa nueva mirada, podemos obtener el mejor de los antídotos: Dios.

Haz lo siguiente: para todo aquello que te parezca humanamente imposible de perdonar, pídele a Dios que perdone a través de ti y no nada más eso, pídele que te preste sus ojos para lograr ver a esa persona como Él la ve. Seguramente entenderás como le ama y verás con ojos llenos de misericordia a un ser amado. Si comprendes el actuar de la persona, entenderás el porqué de sus actos y ni siquiera tendrás que recurrir al perdón, pues en tu alma no se anidará el rencor.

¿Habrá ofensas que resulten imperdonables? costará más trabajo, pero hasta la piedra más dura, con el constante goteo del agua se logra modificar. El perdón es un regalo para aquél que lo otorga. Estamos frente a una dualidad que debemos asumir, es ir a la vida o ir a la muerte.

Entonces, ¿por qué perdonar? porque Dios nos hizo libres, porque la cadena del rencor no nos deja caminar ligeros. Estamos llamados a la libertad; cuando logramos vivirla y permanecer en ella, descubrimos que en el alma anida la paz, que la felicidad toca a la puerta, que la satisfacción de mirarnos al espejo y reconocernos grandiosos, está presente.

A veces no basta con las lecciones que nos da la vida, sin quererlo nos metemos en situaciones que nos perjudican sin darnos cuenta. Después del nacimiento de Valentina, cuando experimentaba el don más grande, ¡ser procreadora!, también asumía la contraparte: morir en vida.

Fueron unos meses o quizás años, donde me convertí en una persona resentida; perdí todos mis ahorros en el fraude, perdí amistades que eran importantes para mí, se fue la estabilidad económica de la familia, dejé la carrera de artes escénicas, la cual me encantaba. Tenía diez kilos arriba después de ser mamá, así es que la ropa no me quedaba y no había dinero para comprar nueva. Dejé de encontrarle sentido a arreglarme. Entre el cansancio de cuidar a Valentina y seguir trabajando para apoyar en casa, estaba realmente exhausta, por lo que hacer dieta me parecía imposible. ¿Has vivido algo parecido? En ocasiones se nos presentan altibajos y a veces no solemos comportarnos con amor, se nos olvida que los enemigos están dentro de nosotros.

Desde niña anhelaba ser madre, me ilusionaba la idea de comprarle ropa a mi bebé. Cuántas cosas hermosas veía en las tiendas y decía: cuando esté embarazada voy a comprarle todo. Pues el sueño se esfumó al confrontarme con la realidad; a dos meses de la llegada de Valentina no había podido regalarle nada. A pesar de ahorrar lo que podía, siempre había algo más importante y con gran tristeza sacaba mi dinero, una y otra vez.

Mi embarazo transcurrió con gran frustración porque reconocí que en esos momentos, era imposible hacer compras. Estaba intentado llenar huecos con cosas materiales y depositando toda mi ilusión en banalidades. Pero como Dios no abandona (nunca a pesar de mi corta visión trascendente), un día me llamó mi prima Marcia para preguntarme si quería la ropa de la bebé de una amiga, era ropa hermosa y estaba prácticamente nueva. Me ilusioné muchísimo y con gusto respondí que sí. A los pocos días, me llegó una bolsa gigante llena de ropa muy bonita, la saqué entusiasmada, la lavé y después acomodé todo para recibir a mi niña. Las sábanas las hice con telas que teníamos en la fábrica de uniformes (la empresa que junto a mi hermana administrábamos desde años atrás) y las bordé yo misma; preparé su recámara muy bonita, con muñequitas diferentes que con tanto cariño elaboré para mi Valentina. Mis amigos y familia me regalaron muchas cosas por lo que una vez más, Dios se mostraba generoso.

No soy una persona depresiva y afortunadamente no lo estuve en esos momentos pero estaba apática a todo. Cuando iba camino al trabajo, en varias ocasiones me di cuenta que ya no sonreía como antes; desde niña siempre fui alegre y en esta etapa de mi vida, había dejado de serlo. Qué importante es darnos cuenta si hemos dejado de sonreír y de ser felices. Me alejé de muchas personas y la relación con Dámaso era pasiva; aquellos días eran grises. Se volvió complicado sacar dinero; trabajábamos mucho y ganábamos poco, incluso alguna vez me cuestioné y le pregunté a Dios: ¿por qué es tan difícil el trabajo? y en mi mente apareció de inmediato la respuesta en Génesis (3, 19) *Te ganarás el pan, con el sudor de tu frente.* Son palabras claras y contundentes de un padre a sus hijos; de ahí comprendí que el trabajo y el dinero se consiguen con mucho esfuerzo, por lo que debía aprender a disfrutarlo.

Fue una etapa donde viví muchas pérdidas y cambió mi vida de manera radical; en ocasiones me sentía víctima y me daba coraje saber que yo estaba pasando por esto cuando quien lo originó (la persona del fraude) se daba la gran vida. El recordar era tomar en mis manos una brasa ardiente una y otra vez que me dejaba las manos completamente heridas, imposibilitadas para tocar nada, ni amar a nadie. Me enteré que compró un terreno en un coto residencial de Guadalajara, que tenía carros del año y se movía por la ciudad con gran tranquilidad. De imaginarlo tan campante, se me revolvía el estómago de coraje. En una ocasión, asistimos a una fiesta donde ellos se encontraban. Observé a su esposa, quien antes había sido mi amiga, ella me dirigió una mirada y de inmediato le volteé la cara. Qué pena me da narrar estos sucesos, pero en eso se convierten las personas que no aman, y yo no me amaba ni a mí misma en esa triste etapa de mi vida. Dejé que la venganza tocara mi alma; de hecho hacía planes de cómo hacerle saber a todos el daño ocasionado a mi familia y me confortaba saber que en esta vida pagarían sus fechorías.

Qué fácil es darse cuenta que cada uno construye su propio destino. Vivimos en clave de eternidad y yo en esos momentos había decidido vivir el infierno. Fue cuando mi espíritu se debilitó confundiendo el amor de Dios en cosas esotéricas; por mi vista nublada, tropecé varias veces.

Me cansé de caminar a ciegas y a pesar de que ya me encontraba en el rumbo que conduce al amor de Dios, me sentía completamente perdida. Mónica, mi gran amiga y compañera espiritual, me invitó a unas clases de *Biblia*. Una vez por semana teníamos cita con las Escrituras y nos daba risa saber lo ignorante que éramos pues ni siquiera sabíamos usarla; no conocíamos nada de los evangelios, para nosotras cada clase significaba un pasito más. Ahora entiendo que así es el camino de Dios, paso a paso para no tropezar.

Consideramos importante pertenecer a una comunidad pero la que conocíamos, no nos hizo la invitación (sus argumentos resultaron poco creíbles), así es que entendimos muy maduramente que no era ahí nuestro lugar. Esperamos con paciencia la comunidad que Dios quería para nosotros, y así llegó FRANCARE (Franciscanos, Carmelitanos y Renovación Carismática), una pequeña comunidad de personas orantes con gran sentido de fraternidad y con una misión clara: orar por la santidad de los sacerdotes como prioridad, así como acompañar a las personas enfermas y pobres.

La primera vez que asistí a la comunidad, escuchaba atenta y emocionada cuando Cuquis (la encargada) hablaba de cada uno de los apostolados. Todos me parecían maravillosos y a todos quería ir, pero en mi corazón había uno que hacía que latiera más fuerte: "Matatlán", para visitar a los hijos de los pepenadores en la capilla que se encontraba dentro del vertedero. Ahí quería estar, ya había vivido el Pentecostés y me había quedado preñada de tan hermoso lugar. Comencé a ir todos los sábados. Cada vez que asistía, el Cielo se regocijaba de ver mi alegría y los domingos eran fiesta de saber que iría a misa a recibir a mi amado Jesús.

FRANCARE me enseñó cómo orar, me mostraban la vida a través del alma más que del cuerpo y fue cuando poco a poco, desperté.

A los pocos días, me encontraba parada en una dinámica dentro de un retiro espiritual al que había asistido como servidora. Se trataba del tema del perdón, el cual ya había hecho en varias ocasiones, pero esta vez era diferente pues en mí, existía una nueva sensación. Durante toda la mañana, rondaba en mi mente el hombre quien originó el fraude y esta vez lo veía con otros ojos, ahora descubría en mí, la compasión hacia su persona. Qué diferente era verlo desde ahí, antes era odio y venganza, ahora era una necesidad de otorgarle el perdón y pedir por su alma. Lo vi rodeado de dinero pero le vi el alma carcomida, vi a su esposa, una mujer buena y cariñosa con su corazón destrozado. Todo era lo mismo, lo único que cambió fue que ahora lo veía a través de los ojos de Dios.

Era difícil comprender el cambio que experimentaba y más aún, darme cuenta que lo que antes me sostenía (el odio y el resentimiento), ahora se desvanecían dejándome aparentemente vulnerable. Cuando despertó en mí la conciencia de otorgar el perdón, fue una lucha difícil. Pensar que esa persona ya no pagaría en vida, saber que debía desear de corazón su bien y más aún, orar por su alma y la de toda su familia, sinceramente, me costaba mucho trabajo. Qué duro estaba mi corazón, pero mi alma necesitada no desfalleció en el intento: debía dar el paso hacia el perdón. Así comencé la dinámica, con esa incertidumbre de no saber ¿qué hacer?, sin embargo, ya estaba el llamado a perdonar.

Tomada de la mano de una encuentrista y parada frente a ella, comenzaron las oraciones de perdón; no quedaba tiempo para seguir pensando si quería o no dar el paso. En ese momento, surgieron palabras que mi boca expresaba y venían del corazón: ¡*Yo te perdono y perdóname a mí por tanto odio hacia tu persona!* Fueron palabras santas porque experimenté una sensación de alivio, mi cuerpo se relajó. ¿Cuántos meses llevaba cargando esto? Valoré lo diferente que es la vida desde esta perspectiva; traje a mi mente cada momento de dolor y pérdida y fui entregándoselo al Señor, uno a uno.

Ése fue el comienzo, el sí nuevamente a la vida. Cuando comprendí todo lo que había cargado por largo tiempo, sentí tristeza por el tiempo perdido. A la primera prueba volteé mis ojos y los desvíe de Dios, ahora ya sabía el camino, *el perdón es ir a la vida*. Desde ese instante, comencé a pintar mi propio Cielo y realicé tantas oraciones de perdón como eran necesarias.

En una plática que tuve con el padre Ceja, le comenté todo lo que había hecho tiempo atrás: la ouija, las cartas, los registros y todos los errores en los que había caído. Escuchó muy atento mi relato sin dejar de mirarme con ojos de misericordia que envolvían mi alma y con la paz que le caracteriza me dijo: *Yo te recomiendo la Hora Santa, hazla cuantas veces puedas, y si no te es posible ir a una Iglesia, desde tu casa, pero hazla.*

Cada que podía me encontraba orando la Coronilla de la misericordia con mucha fe. Cuando tenía que recoger a Valentina del colegio, me salía una hora antes para llegar a la capilla que estaba cerca de mi casa y con gran ilusión hacía mi Hora Santa. Pero no contaba que Dios me permitiría, a través de FRANCARE, seguir sanando. Cuquis, emocionada, llegó un día a la reunión con la novedad de que María+Visión, el canal católico de televisión, nos hacía la invitación a realizar la Hora de la Divina Misericordia todos los sábados por la tarde y al dirigirse a mí para llevarla a cabo, me sentí muy dichosa.

El primer día que asistí a la capilla de María+Visión me encontré con un pedacito de Cielo. Qué hermosa capilla y cuánta paz se respira. A pesar de estar muy nerviosa durante toda la hora pues los micrófonos imponen bastante, salí realmente agradecida con Dios por la oportunidad que me daba de estar frente a Él. Fueron varios años apoyando este apostolado cada sábado, incluso me tocó ir embarazada de Dámaso, mi segundo hijo. Me sentía bendecida pues fuimos testigos de muchos milagros que suceden durante el rezo de la Coronilla de la Divina Misericordia.

FRANCARE ha sido parte importante en mi vida, ahora sigo en este apostolado aunque por el momento me es imposible asistir a las juntas y salir los sábados de misiones. Me costó trabajo darme cuenta que tengo en casa un apostolado grandioso que cuidar: mi marido y mis tres hijos. Se dice que las personas que están en una comunidad no es que lleguen más rápido a Dios, pero sí llegan más lejos.

Curiosamente la vida me va llevando por caminos inexplicables. Ahora me dedico a dar conferencias y la que más me solicitan es la del perdón. Cuando estoy frente a las personas, les hablo de mis vivencias y les digo siempre: *No es imposible perdonar sólo basta quererlo, es un don de Dios que debemos hacer vida, y si crees que existe algo que te resulta imperdonable, pídele a Dios que él perdone a través de ti, que te preste sus ojos para ver a esa persona como Dios la ve, y te darás cuenta de cuánto la ama.*

Es gratificante dar esta conferencia pues veo rostros conmovidos acompañados de lágrimas. Las personas reflexionan y salen con la intención de cambiar; les digo a cada uno: *no es casualidad que estés aquí, seguramente tienes algo que perdonar, espero que al cruzar la puerta, lo hagas vida*. Lo mismo te digo a ti, no es casualidad que tengas este libro en tus manos, deseo de corazón que éste sea el inicio de tu liberador camino hacia el perdón.

Eso mismo intento, hacer vida el perdón y seguir gritándole al mundo entero que viví el infierno por no saber perdonar y ahora palpo el Cielo, gracias al perdón.

Capítulo VIII
NIÑOS DEL PARAÍSO

Si no tienes nada que donar, dónate a ti mismo.

Vivimos en una sociedad utilitaria y lamentablemente lo aplicamos en todos los sentidos.

En una ocasión, debatíamos la situación de las personas privadas de su libertad y la falta de espacio en los reclusorios para albergar a un gran número de presos. Se decía que utilitariamente eran personas que no servían a la sociedad, además de representar su manutención, un alto costo económico. Suena cruel y despiadado pero éste es el pensamiento que predomina en nuestra actualidad, donde la inmediatez, el gozo, no deben ser postergados por el simple hecho de que no tenemos la capacidad de espera.

Si seguimos por este camino me pregunto: ¿a dónde vamos a llegar?, ¿qué mundo les dejaremos a nuestros hijos? Estamos creando seres humanos cibernéticos, trilingües, creativos, pero con un profundo vacío en su interior. Como Jesús Amaya dijo: *Hijos desconectados y vacíos*, así es como están, hiperconectados virtualmente pero desconectados de los padres, por lo tanto, crecerán frágiles y llenos de complejos.[5]

Ahora está en boga el tema de la familia y los valores porque se han pisoteado durante largo tiempo y las consecuencias las estamos pagando severamente.

Existe una gran desigualdad en el mundo; observamos cada vez:

- más personas exageradamente ricas
- menos clase media y
- muchas más familias en extrema pobreza.

¿Cómo frenar esta situación? Hago un llamado urgente a la sociedad. Creo indispensable regresar a los valores de antaño, abrazar la vida con gran respeto y dignidad, acoger al prójimo con caridad y amor, dejar de lado el egoísmo para poder ver la necesidad del otro.

Qué importante es darse cuenta que habitamos el mismo lugar, que la nacionalidad no es más que mero título, que la lengua no me exime de pensar o sentir lo mismo que aquél que no comparte mi idioma. A final de cuentas,

5. Jesús Amaya Guerra y Evelyn Padro Maillard, *Padres ausentes, hijos desconectados y vacíos*, p.7 Editorial Trillas México 2012

todos los seres humanos estamos creados a imagen y semejanza de un solo Creador.

¿Por qué no tenderle la mano al más necesitado? Es ahí donde nos reencontramos con la fragilidad del hombre; nos hace sentir útiles, además comprendemos que todos necesitamos de todos.

La vida es una maravillosa rueda de la fortuna: cuando nos toca estar arriba se ve el mundo pequeño y fácil, pero cuando estamos abajo sólo nos queda elevar nuestra mirada al Cielo esperando que otro mire mi necesidad.

Es indispensable que te cuente cómo ha sido mi camino con los niños del paraíso y que comprendas que Dios siempre tiene la respuesta correcta.

Entré al quirófano a las 11 de la mañana después de haber estado cuatro horas hospitalizada.

Era el año 2007 y me realizaron una rinoplastia debido a que conforme pasaban los años, cada vez resultaba más notorio cómo mi nariz se estaba desviando. Me veía al espejo y no podía dejar de percibirlo; estaba ansiosa esperando me realizaran una cirugía reconstructiva pues al parecer, tenía varios cartílagos rotos.

Ese día llegó. Por fin después de varios años me decidí. Valentina, mi hija, tenía 2 años de edad y vivíamos en la familia con una economía sumamente mermada así es que pagar un hospital privado, era un sueño inalcanzable.

El día de la operación ingresé al hospital con mi maleta en mano, contenía un cambio de ropa y artículos de aseo. Caminé por los largos pasillos para llegar al centro donde todos se unen y pedir informes de qué hacer. Son tantas las personas hospitalizadas más sus acompañantes que se vuelve una multitud y pareciera que los doctores y enfermeras, no son suficientes ante semejante demanda. La experiencia era extraña; por un lado sentía descontento por lo que mis ojos veían pero a la vez era emocionante vivirlo. Desde que decidí operarme, me mentalicé a disfrutar cada momento.

Ya instalada en mi cama, una enfermera se acercó y me entregó una bata limpia. Volteé hacia ella y amablemente me dijo: *Por favor póngase la bata.* También me indicó en dónde encontraría el baño, caminé sin evitar voltear a ver a la gran cantidad de pacientes y a sus acompañantes que estaban notoriamente cansados.

Entré al baño y me topé con muchas bacinicas sucias, era desagradable lo que tenía frente mí. Conocía los hospitales privados cuyos cuartos parecen de hotel con un baño para cada habitación completamente limpio y las enfermeras te hablan por tu nombre. Qué diferente era eso; cientos de personas vulnerables al sistema y con una gran necesidad de recuperar su salud. Tenía los nervios a tope; sin tocar nada me cambié con la típica batita de hospital (toda abierta de la parte de atrás) y sintiéndome vergonzosamente desnuda, caminé de regreso a mi cama.

Dámaso se había recostado. Al verme se puso de pie y me dijo rápidamente: *¡Acuéstate!* Continuaba mi extraña sensación pues de enferma, no tenía nada. Fueron largas las dos horas de espera; acostada en la cama, intentaba descansar pues una noche anterior, logré dormir hasta altas horas y a pesar de estar muy desvelada, resultaba imposible dormir por mi nerviosismo. Dámaso se recostó a mi lado y los dos en la misma cama, sin hablar ni una palabra, intercambiamos una que otra mirada de complicidad y apoyo en lo que llegaba el momento.

De pronto se acercó un joven alto y gordo con una camilla; sonriendo me dijo: *ya llegamos por usted.* Es difícil describir si me dio gusto saber que ya me iban a operar o susto de pensar que ya era la hora. Justo al cruzar la puerta del largo pasillo, recordé que había olvidado mis estudios en la cama y era indispensable entrar a con ellos a la operación. Dámaso corrió mientras el camillero seguía caminando aun sabiendo que no los traía. Colocaron la camilla junto a una ventana grande y entre dos camilleros altos y fuertes, me pasaron a la cama adentro del quirófano.

En ese momento me despedí de Dámaso levantando mi mano, se acercó el anestesiólogo para hacer unas preguntas, colocó un suero en la camilla y de ahí se borró todo de mi mente, supongo la anestesia surtió efecto de manera inmediata.

Entre dormida y despierta comencé a escuchar a lo lejos una voz junto con la sensación de no poder respirar. Después de unos momentos de estar desubicada, me percaté de estar en plena operación, y las voces se hicieron cada vez más claras. Podía sentir sin dolor cómo manipulaban mi nariz; recuerdo la sensación de que con un martillo golpeaban el hueso. Intenté moverme para decirles que estaba despierta pero era inútil, el cuerpo no me respondía. Después de varios intentos logré mover mi mano izquierda y supongo el anestesiólogo lo notó. Rápidamente me preguntó: *¿Adriana qué pasó?* Quise hablar y difícilmente salía de mi boca sonido pero logré decirle: *No puedo respirar.*

El anestesiólogo tomó mi mano y me dijo: *Estás bien, no te preocupes, respira por la boca.* Recuerdo que apreté su mano fuertemente sintiéndome aliviada al saber que estaba acompañada, pero en cuestión de segundos, él la soltó, me sentí abandonada. Era tal mi desesperación que comencé a pensar en la muerte; pasaron por mi mente cuantas oraciones recordé. Pedí a los santos intercedieran por mí. Recuerdo hablarle a san Judas Tadeo, a Luisa Piccarreta, al padre Pío, a la Virgen de Guadalupe y al mismo Jesús, pidiendo me ayudaran en ese momento donde según yo, estaba entre la vida y la muerte. Por cierto, estaba perfecta pero la sensación era ésa.

Salí del quirófano, colocaron la camilla en el área de recuperación y una enfermera constantemente se me acercaba. Me sentía muy mal, continuaba la sensación de no poder respirar y eso me angustiaba mucho. Escuché una voz que me decía *¡Adriana!* Y al voltear vi a Dámaso asomado por la puerta, preguntó: *¿Cómo te sientes?* Me dio mucho gusto verlo pero no logré sacar expresión alguna, quería gritarle que me sentía mal pero sólo le sonreí. En cuestión de segundos se despidió y dijo que esperaría afuera.

Traté de relajarme un poco cerrando los ojos, pero no lograba sentir paz. Escuché a la enfermera que me hablaba: *Ya te vamos a sacar de aquí, te vas a tu cama.* ¡Oh no, yo no quería salir de ahí!, ¿Acaso no ve que me siento muy mal y en la cama sería una más entre cientos? pero no logré expresarme y de inmediato me sacaron.

Las enfermeras pasaban constantemente y paraban para hacer su chequeo de rutina pero nada más. Por fin una de ellas se detuvo a observarme y me preguntó: *¿Cómo te sientes?* Hasta que alguien me hace caso, pensé. De inmediato dije: *Muy mal.* Me colocó un suero que milagrosamente actúo y en cuestión de minutos, mi cuerpo reaccionaba recobrando poco a poco la fuerza.

Personas iban y venían, era demasiada gente en constante movimiento. Una de ellas se detuvo en mi cama para ofrecerme la comunión, ¿tan demacrada me vería que se puso a mi lado tocando mi mano y dándome palabras de aliento? Con una sonrisa contestaba a tan amable y cariñosa persona, tan solo pensaba ¿cómo me veré?, porque el señor me hablaba de tener paciencia y ofrecer mi dolor. Cada momento que pasé en ese hospital me trajo grandes aprendizajes: ver la necesidad del otro, darme cuenta de que existe mucha gente bondadosa que va a dar la comunión, consuelo a los familiares, comida, les cantan a los enfermos, un lugar de dolor se convierte en un santuario de amor.

Llegué a casa de mis padres donde me esperaban ansiosos pues se había hecho muy tarde. Entré a la recámara que fue mía cuando vivía ahí y estaba muy bonita y limpia. Qué gran contraste acababa de vivir, ahora gozaba de estar en tan hermoso lugar. Me recosté completamente agotada y mareada pero sin dejar de pensar en todas las personas que se quedaban en aquel lugar.

Mi recuperación fue rápida, tenía un poco de dolor y más que nada mucha incomodidad pues la sensación de no poder respirar me acompañó durante un par de días. Cuando regresé a mi casa y pude incorporarme a mis actividades, me di a la tarea de buscar un lugar dónde poder ayudar, pues en medio de mis delirios durante la operación, en un diálogo de cara a Dios, le hice una promesa: *Dios mío si me permites salir de aquí sana y salva pondré mis manos al servicio de los demás.* Fueron palabras cortas pero llenas de sentido, nada más y nada menos que estaba haciendo un contrato de exclusividad con Dios.

A los pocos días platicando lo anterior con una amiga, me comentó sobre un orfanato de hijos de padres presos ubicado por el centro de Guadalajara en donde había carencias de todo tipo, en especial la gran necesidad de cariño. Sin mucho pensarlo visité el orfanato al día siguiente. Se trataba de una casa vieja situada en pleno centro de la ciudad. Me estacioné a una cuadra y caminé despacio pero emocionada rumbo al lugar.

Entré y lo primero que vi fue un juego viejo de aros (como los que están en los parques antiguos), niños corriendo y entre todos ellos vi salir, con un caminado acelerado, a una señora de cabello corto un poco regordeta. Al verme se acercó para darme una calurosa bienvenida, me presenté y le pedí me platicara acerca del orfanato. Nos sentamos en unos escalones que estaban en medio del patio, platicamos sin que dejaran de pasar niños por todos lados; ella comenzó a relatarme el día a día dentro de esas paredes mal pintadas, cómo batallaban para conseguir comida y dinero para mantener a semejante cantidad de bocas hambrientas.

Recorrimos todo el lugar haciendo pausas para narrarme historias de los niños. Las habitaciones eran largas y tenían camas de todos tipos: literas, individuales, matrimoniales, etc. Los colchones estaban notablemente viejos y ninguna de las camas tenía colchas por lo que la habitación se encontraba con una mezcolanza de colores haciéndola verla descuidada y triste. Pasé a una habitación y me acerqué a una cama que en especial llamó mi atención pues estaba bien tendida y junto a la almohada estaba una caja de zapatos. Le pregunté a la señora *¿Qué es eso?* A lo cual respondió: *Todos los niños tienen sus pertenencias en una caja de zapatos.*

Me quedé pensativa de que tan sólo les perteneciera una caja de zapatos. Cada niño había sido arrancado de su hogar de la noche a la mañana, no había tiempo de hacer maletas para el largo viaje que emprendían, llegaron al orfanato con un gran dolor de haber sido separados de sus padres y fuera cual fuera la situación, todos anhelaban regresar a su lado algún día. Al preguntarle a uno de ellos, *¿qué guardas en tu caja de zapatos?*, me contestó: *fotos* *y cartas.*

El comedor consistía en dos mesas largas con manteles rotos, el cuarto de la ropa tenía dos estantes grandes donde por tallas acomodaban las prendas, gran cantidad de zapatos usados estaban en el piso pues al parecer acababan de ser donados. Había una capilla a medio terminar con un pequeño altar lleno de flores, en la planta alta se encontraban otras habitaciones y una pertenecía a los bebés de la casa, unas cunas viejas repletas de cobijas y en la parte de afuera, un baño para todos.

Cada niño contaba su propia historia; la mayoría de ellos tenía a sus padres presos, ya sea papá o mamá, y el que no estaba preso, no se podía hacer cargo de ellos, por lo tanto eran asignados a ese orfanato. A otros los habían llevado del DIF (institución pública para el desarrollo integral de la familia mexicana) por ser niños golpeados. Otros tantos eran niños abandonados. La cantidad no era definitiva porque iban y venían. Al momento de conocerlos eran 78 niños a cargo de muy poco personal. La pareja encargada eran unos esposos de edad avanzada, cuidaban día y noche de ellos, dos personas más estaban a cargo de los bebés, tres más, de la comida y aseo. Entre esas paredes se percibía orden y los niños se mostraban curiosos cuando ingresaban personas nuevas pues se acercaban a nosotros con caritas sonrientes, preguntando nuestros nombres.

Cuando salí del lugar y caminé rumbo a mi carro, la cabeza me daba vueltas y el corazón latía con gran intensidad. El llamado ya estaba, ahora a ponerlo en práctica. Recuerdo que llegué a mi casa, entré a la habitación de Valentina y era tan diferente a lo que acaba de ver porque me encontraba en un lugar cálido, con una camita decorada con un edredón de flores, la ropa de Valentina doblada y sus zapatos estaban limpios y en orden. Me paré en la puerta de entrada y con la mirada, repasé cada espacio de la habitación, encontré en ella, un lugar rodeado de amor, unos padres que se encontraban al pendiente de su hija y que tan sólo vivían para verla crecer feliz. A mi cabeza llegaron muchas dudas, el porqué sucedían cosas tan injustas, qué tristeza ver que estos niños carecían de lo más importante, unos padres amorosos.

Me senté en una silla del comedor, saqué mi computadora y comencé a escribir lo que había vivido. En pocas palabras narré lo sucedido y el enorme deseo que tenía de regresar al lugar pero no con las manos vacías. Envié mi escrito por *mail* a unos cuantos conocidos, y la respuesta no se hizo esperar, pues en cuestión de días ya tenía donativos de todo tipo. Llenamos la sala de juntas de donde trabajaba y la convertimos en bodega para poder acomodar todos los donativos: ropa, zapatos, despensas, colchas, colchones, una televisión, manteles, en fin, una gran cantidad de objetos y conforme las personas seguían donando, mi hermana Mary, mi amiga Mónica y yo, nos encargábamos de seguir corriendo la voz entre todos nuestros conocidos.

Realmente entusiasmadas por la respuesta de muchas

personas, nos pusimos a pensar cómo podíamos hacer esto de manera ordenada y constante, fue cuando surgió la idea de crear un grupo de apoyo para formalizar la ayuda, y ahí nació *Niños del paraíso*, nombre que le dimos por una hermosa película que se había traducido con este título y al momento de verla, dejó en mí un gran mensaje de amor al prójimo. Así comenzó este hermoso proyecto de donarnos al otro y hasta el día de hoy, seguimos haciéndolo con gran ilusión y amor.

Las cosas se fueron dando de manera natural: mandábamos cartas a las empresas, a los amigos y también hacíamos vínculos con el Gobierno y con otras fundaciones. Las tres dedicábamos una pequeña parte del día a mandar correos y dar seguimiento a las peticiones que nos hacían. Recuerdo que a veces era frustrante no tener los recursos económicos, pero teníamos un lema que nos consolaba en esos momentos: *Si no tienes nada que donar, dónate a ti mismo* y tal cual era lo que hacíamos las tres almas, donándonos al otro a través de *Niños del paraíso*.

Para el orfanato *Hijos de padres presos* nos convertimos en *las señoras de la fuente de chocolate*, pues se nos ocurrió llevar una fuente de chocolate con fresas, bombones y donitas, ¡Les encanto! Terminaron metiendo el dedo para llevárselo a la boca una y otra vez. Me fascinaba verlos tan felices, 78 niños corriendo, jugando y comiendo, creo que eran pequeños momentos de gozo donde se olvidaban de su realidad.

En una ocasión, recibí la llamada de Mary, mi hermana, para contarme que le habían hablado para solicitar apoyo para un niño que al parecer tenía cáncer, sus familiares no tenían recursos y les habían negado el ingreso al hospital. Recuerdo que al colgar, me quedé sentada un rato y no dejaba de imaginar la desesperación que estaría viviendo la familia por ver al niño enfermo y sobre todo porque en esta enfermedad, un día acerca a la vida o la muerte. Qué impotencia estar en semejante situación. Yo en ese momento me encontraba embarazada de mi segundo hijo. Tenía muchos achaques pues día y noche vomitaba y las náuseas no se iban. Estaba prácticamente en cama y sólo me paraba para llevar a Valentina a sus actividades. Me puse de pie y le pedí a Mary que me consiguiera todos los datos del niño para ver de qué manera lo ayudaríamos. A los pocos minutos de haberlos solicitado me hicieron llegar sus datos:

Nombre: Hugo Armando Tapia González,
Fecha de nacimiento: 21 de febrero de 1994
Domicilio: Rancho Tres Palos, Municipio de Arandas Jalisco.
Papás: Ernesto Tapia Sepúlveda, campesino.
María Guadalupe González González, ama de casa.
Hijos: Son 6 hijos, él es el penúltimo.

El escrito contaba a detalle el problema de Hugo y la angustia de su mamá solicitando ayuda para atender su padecimiento. En resumen decía lo siguiente:

Comenzó a sentirse mal aproximadamente 2 meses atrás. Inició con una gripa dos veces consecutivos, y enseguida se puso mal del estómago como si fuera una especie de colitis o gastritis. Posteriormente de la nada, le subió la temperatura y siguió con mucho agotamiento. Las siguientes semanas ya no pudo dormir. En San José de Gracia le dieron tratamiento para 8 días. Le hicieron unos estudios, y el resultado era principios de anemia y según el doctor, nada serio. Pero él no mejoraba, pasó al hospital Regional de Tepatitlán y de ahí, lo trasladarían al Nuevo Hospital Civil en Guadalajara pero antes lo atendieron 3 doctores particulares, los que tuvieron caridad y no cobraron honorarios, inclusive por la biopsia. Uno de ellos dio el diagnóstico; un cáncer maligno. Después de los estudios para poder determinar la clase de tumor, el resultado fue linfoma de Hoshki. Por falta de recursos no se le han podido hacer las quimioterapias que según dijeron son de cuarenta mil pesos y el Seguro Popular, no cubre esos gastos. Me encuentro en una situación muy difícil de ver que no se atiende a mi hijo, por lo que les pido de la manera más atenta, que me ayuden para que ya lo atiendan y se haga lo que se requiere, ya que la enfermedad está siendo muy agresiva, y está avanzando muy rápido.

Qué duro fue leer esto. Todavía hoy, sigue siendo muy triste ver cómo una madre suplica ayuda para su hijo. Qué dolor tan grande es tener un hijo enfermo y más aún cuando no se cuenta con los recursos para ser atendido. En cuestión de segundos ya me encontraba escribiendo una carta para hacerla llegar a cuántas personas pudiera. *Niños del Paraíso* forma parte de la Comisión de Derechos Humanos de Jalisco y éramos invitados a los desayunos mensuales con los directivos de diferentes fundaciones. A mí me tocaba asistir y hacer contactos para futuros vínculos.

Recuerdo que entré a mi correo y vi un *mail* por parte de la Comisión de Derechos Humanos donde estaban visibles las direcciones de correo electrónico de los directivos (usualmente éstos se mantienen ocultos). Me cuestioné si usarlos o no, pero me puse en el papel de la mamá y yo, por mis hijos, haría todo. Así es que envié la carta explicando lo que Hugo requería. También copié a Norah, una amiga que laboraba en las oficinas de Derechos Humanos, y ella, a su vez, la reenvió a las personas encargadas de ese tipo de asuntos. Norah me hizo saber sobre el derecho que tienen los niños a ser atendidos de manera inmediata.

Recibí gran cantidad de *mails* que daban informes de las fundaciones que podían tomar el caso y nombres de médicos del Hospital Civil que atendían a los niños con cáncer.

Ese día por la tarde llevé a Valentina a su clase de ballet, y Hugo se encontraba a tan solo 2 cuadras de ahí, recuperándose de su primera quimioterapia porque gracias a Dios, mientras yo solicitaba ayuda, a él ya lo estaban atendiendo.

Dejé a Valentina y le pedí a la mamá de una compañerita del ballet que fuera conmigo a visitarlo. Él estaba en la casa de unas religiosas que amablemente les habían prestado un cuartito a todos los familiares para poder acompañarlo en su recuperación. Llegué al lugar y por tratarse de hermanas de claustro, sólo escuché una voz. Les comenté que venía a ver a los papás de Hugo para darle informes de las fundaciones que podían atenderlo. Me abrió una hermana y me llevó al cuartito en donde estaba. Tenía muchas náuseas y el vómito era constante por lo que le pedí a Dios, me ayudara a controlarme en esos momentos. Estaba un poco nerviosa de verlo y a la vez no quería dejar pasar el momento para hablar con sus padres y decirles que no estaban solos, que en lo que nosotros pudiéramos ayudar, lo haríamos con mucho gusto.

Me recibió una tía de Hugo y me pidió que pasara al cuartito. Entré y vi mucha gente sentada en la cama. Hugo estaba en el baño vomitando. Sus padres lo acompañaban. Después de unos minutos salió un jovencito guapo, alto, de ojos verdes. Me acerqué a saludarlo y le dije: *Hugo, no estás solo, verás que sales adelante.* Son las típicas palabras que nos han enseñado a decir. Él me volteo a ver a los ojos y con una mirada suplicante, me dijo *¡Gracias!* Salí de la habitación y le entregué a su tía la lista con los datos de las fundaciones. Al recibir la información se mostró muy agradecida. Comentó que los habían visitado de la Comisión de Derechos Humanos por petición de *Niños del Paraíso* para hacerles saber sus derechos y que de no ser atendido Hugo nuevamente, la Comisión intervendría de manera inmediata. Sorprendida de la rapidez con la que habían actuado, agradecí en mi mente a todas esas personas que habían respondido al llamado.

Caminé a recoger a Valentina sintiéndome agradecida porque mis náuseas y vómitos eran a causa de la vida que crecía dentro de mí, en cambio, Hugo padecía de los mismos síntomas a causa de una enfermedad. Desde ese día decidí ofrecer mis malestares por todas aquellas personas enfermas de cáncer. Los días pasaron y sólo sabíamos que Hugo no mejoraba. Esto sucedió en los primeros meses del año 2011. El 6 de enero del 2014 llegó un mensaje a mi facebook donde Edy, la persona que nos había solicitado años atrás ayuda para Hugo, lamentablemente me daba la noticia de su fallecimiento. Sentí mucha tristeza de saber que se había perdido la batalla. Aún recuerdo a Hugo sentado en el cuartito mirándome a los ojos. Inimaginable pensar en el dolor de sus padres. Aquel jovencito guapo, con sus hermosos ojos verdes, ya no estaba entre nosotros. Fueron pocas mis palabras, pero bañadas de un sentimiento de solidaridad. Sólo respondí: *¡Que en paz descanse! Ahora está gozando del paraíso. Si por algo tienes contacto con su familia diles que lo siento mucho y espero que Dios les de fortaleza y consuelo.*

Mientras narro la historia, vienen a mi mente las escenas de cada momento, ¿cómo estarán sus padres ahora? Las lágrimas corren por mis mejillas de tan solo pensar en el dolor tan grande de tener un hijo muerto. *Niños del Paraíso*, me regalaba constante contacto con la realidad envuelta en una nube de esperanza.

Capítulo IX
LOS MÁS POBRES ENTRE LOS POBRES

Aún no sé si logre cambiar una vida,
es un hecho, que la mía, ya cambió.

Transformar la vida de otros es tarea ardua y no segura, pero en ese maravilloso intento, la que cambia es la propia. Cuando te das cuenta que la vida misma es ya de por sí grandiosa, rompes paradigmas que te acompañaron a lo largo del tiempo.

Las personas que viven en pobreza, en muchas ocasiones poseen un sentido de vida admirable, viven el día a día y tienen la capacidad de reconocerse bendecidos con lo poco que tienen para sobrevivir.

Cuando estamos inmersos en los problemas, es complicado ver más allá, pero con el transcurrir de los años, reconocemos que las experiencias pasadas nos han hecho crecer y ser mejores personas; es entonces que le encontramos sentido a nuestra existencia aún en medio del dolor.

El padre Larrañaga nos dice que tenemos un llamado a la felicidad, es decir *sufrir menos*, dando por hecho, que el dolor está presente en la vida misma. Pero ¿qué sería de nosotros si no aprendiéramos a sobrellevar cada momento?, ¿de qué serviría cada prueba que la vida nos presenta?

He aquí el gran reto que tenemos todos los seres humanos: aprender de la situación que nos toca vivir, salir engrandecidos, fortalecidos y preparados para la siguiente batalla.

En todas las épocas de la historia se han experimentado situaciones difíciles, por lo que no es meramente en el siglo XXI que nos esté tocando vivir la decadencia. Ciertamente el mundo está de cabeza; sin embargo no se trata del lugar y el tiempo que ocupamos, sino de la visión de la vida que tengamos ante estos sucesos.

Me he cuestionado en varias ocasiones la difícil tarea que es vivir en paz en medio del ajetreo, la pobreza, la injusticia y la necesidad, pero en medio de todas estas pruebas también está la felicidad y por lo tanto la paz.

Esta visión de vida a la que me refiero, es la forma en que decidimos enfrentarnos todos los días a los acontecimientos, es la actitud con que nos levantamos cada mañana para salir al encuentro del mundo. Y la problemática es la misma. De cada uno dependerá cómo quiera enfrentarla; misma situación, reacciones diferentes. El famoso 80-

20 en donde 20% de la vida no lo puedes evitar, el 80% dependerá de la reacción que tengas ante este suceso.

El filósofo Friedrich Nietzsche nos dice: *Quien tiene algo por qué vivir, es capaz de soportar cualquier cómo.*[6] Éste es el gran reto, encontrar el porqué de la vida, buscar metas tangibles que nos den una razón de existir.

Por otro lado, nos dice Viktor E. Frankl en su libro *El hombre en busca del sentido: Desgraciado de aquel que no viera ningún sentido en su vida, ninguna meta, ninguna intencionalidad y, por tanto, ninguna finalidad en vivirla, ése está perdido. Ya no espera nada de la vida.*[7]

Se necesitan agallas para enfrentar con valentía las situaciones que se nos presentan, entonces ¿cómo lograrlo?

Primero. Siendo nosotros mismos, viviendo con verdadera actitud positiva y proactiva, para ser ejemplo de todos aquellos que no la tienen, y decirles las sabias palabras de Viktor Frankl: *En realidad no importa que no esperemos nada de la vida, sino la vida espera algo de nosotros.*[8]

Segundo. Reconocerme valioso por lo que soy y por lo que he logrado, saber que mi presencia no la sustituye nadie en este mundo. Cada persona tiene un llamado especial y si no lo realizas tú, quedará esa ausencia en la eternidad.

Te invito a continuación a involucrarte en el gozo que

6. Viktor E. Frankl, *El hombre en busca del sentido*, p. 78 Editorial HERDER, Barcelona 1990.
7. *Ibid.*
8. Viktor E. Frankl, *El hombre en busca del sentido*, p. 78 Editorial HERDER, Barcelona 1990.

he tenido de servir a los más pobres entre los pobres lo cual le ha dado un maravilloso sentido a mi vida.

Cierto día recibimos el llamado de una amiga de Mary, mi hermana, ella es Martha, una mujer soltera con una historia de vida muy difícil pero con un gran carisma de ayuda al prójimo y nos hizo la invitación para visitar a los pepenadores en el vertedero de Matatlán. Ambas, con gran entusiasmo, aceptamos y quedamos de vernos a las 4 de la tarde en el centro comercial Plaza del Sol, para luego salir al vertedero en donde pasaríamos toda la noche por la velada de Pentecostés. Nos correspondió llevarles comida, dulces y chocolates para repartirles a los pepenadores y sus hijos.

Desde que recibí la invitación me sentí emocionada porque ya rondaba en mi corazón la necesidad de estar con *los más pobres entre los pobres*, frase que continuamente decíamos citando a la madre Teresa de Calcuta y por las historias del lugar que solía escuchar. En mí existía gran expectativa de conocer a los habitantes del vertedero y estar entre ellos.

Cuando llegó el día, me arreglé con la ilusión de quien va a una fiesta especial. Busqué algo sencillo y cómodo; me puse mis inseparables y viejas botas cafés, un pantalón de mezclilla, blusa blanca de algodón y una gruesa chamarra para soportar el frío de la noche. Me lancé sin mucho pensar a ese enigmático lugar donde ya nos esperaban. Durante el camino, Martha nos platicaba sus vivencias, esto aumentaba mi curiosidad acompañada de un sentimiento de temor.

Después de una larga hora de camino llegamos a Matatlán. Ese pequeño mundo que me trasladó a Calcuta, está situado a la orilla del municipio de Tonalá. Recordé imágenes de cuando la madre Teresa paseaba entre la gente y su alma lloraba al ver tanta pobreza. Así me sentía yo, envuelta en una mezcla de sentimientos que ocasionaban un enorme revuelo en mi ser.

Entramos al vertedero y pasamos la seguridad sin ninguna complicación porque nuestra carta de presentación fue que veníamos a la capilla para festejar el Pentecostés. Después me enteré que el acceso al vertedero es restringido y sólo pocas personas tienen derecho a ser admitidas.

Fuimos las primeras en llegar. Con la mirada, mi hermana y yo nos comunicábamos pues el lugar era una escena salida de una película. No podía creer que a escasos metros estaba un enorme coto residencial de casas bonitas que contrastaba con el vertedero de chozas perfectamente acomodadas entre callejones. Llegamos a la humilde capillita hecha de cemento con sillas viejas destartaladas, una mesa al fondo con una pequeña imagen de san Francisco de Asís y un hermoso Sagrario que guarda el más maravilloso acto de amor esperando ansiosamente a sus pepenadores.

Veía niños corriendo por todos lados con zapatos viejos y su ropa estaba completamente sucia. Al momento de vernos, les causábamos curiosidad pues éramos caras nuevas y se nos acercaban para abrazarnos. Me emocionaba mucho sentir el cariño de los niños y ver cómo, con tanta naturalidad, nos preguntaban nuestros nombres.

Alrededor de las 6 de la tarde, llegó Cuquis, mujer extraordinaria y piadosa, encargada de FRANCARE, el grupo de oración al cual se le había confiado el cuidado de la capilla de Matatlán. Junto a ella, venía Manuel con guitarra en mano (quien por cierto años más tarde ingresó al seminario Carmelita Descalzo) y cargados con bolsas que contenían comida. Al vernos fue notoria su expresión de gusto y Cuquis nos dio un abrazo fraterno agradeciendo nuestra respuesta al llamado. Bajamos todas las cosas del carro y rápidamente nos pusimos a decorar el lugar con imágenes de palomas y telas blancas con rojo, pues la capilla estaba de fiesta, todos juntos reunidos para recibir al Espíritu Santo. ¡Qué bonitos recuerdos vienen a mi mente! Lo estoy narrando y es como si lo estuviera viviendo pues lo veo con claridad y regresa la sensación de alegría que encontré en aquel lugar.

Ya entrada la noche, la capilla lucía llena, constantemente ingresaban familias completas a vivir el Pentecostés. Me llamó la atención que varios de ellos estaban bañados y con ropa limpia en contraste con muchos otros completamente sucios. El ambiente estaba repleto de fuertes olores generados por estar entre la basura, y con gente sin bañarse de quizá semanas o más, pero eso no fue motivo suficiente para que terminara mi felicidad intacta. Me sentía una mujer privilegiada por estar entre ellos, ¡Qué gran regalo me daba la vida!

Cuquis llevaba la secuencia del evento, y yo pensaba: ¿qué haremos durante tantas horas?, pues llegamos a las 4 de la tarde y estaremos hasta las 7 de la mañana. Alrededor de las 7 de la noche comenzó la fiesta de Pentecostés con un Rosario guiado por los niños que permanecían hincados frente al Santísimo con sus manitas unidas. Entre oraciones, cantos y prédicas transcurrió la noche. Ya había tenido experiencias de Pentecostés pero esa noche era especial, la presencia del Espíritu Santo se sentía por todo el lugar, los niños se acercaban para abrazarnos, en ocasiones mejor evitaba bajar la mirada pues sus cabellos estaban sucios y llenos de puntos blancos, yo correspondía a ellos de manera inmediata, sintiendo en cada momento un abrazo de Dios.

Hubo un receso y entre las mamás y nosotros, sacamos la comida para dar de cenar. Algunos pepenadores llevaron alimentos para compartir; hicieron café de olla que expedía un rico aroma, todos juntos pasando de mano en mano los ricos tortas de frijoles con un vaso de café. En eso estábamos cuando volteé a ver a mi hermana y me dijo en voz baja: *¡yo no puedo comer! de verdad no puedo, me da muchísimo asco estar entre la basura y con este olor me es imposible, no digas nada porque no quiero ofenderlos pero no puedo.* Mientras ella me narraba su negativa, pensaba qué rico huele el café y le respondí: *¡yo sí voy a cenar!* Me acerqué a la mesa de la comida, una mamá pepenadora me pasó una torta de frijoles y otra puso en mi mano un vaso con café. ¿Qué les puedo decir?

lo disfruté muchísimo, cenando entre ellos me parecía estar tocando el Cielo.

Regresamos a la oración y comenzó Cuquis a guiar la venida del Espíritu Santo. Recuerdo que cerré mis ojos y en completa paz, pedí su venida a mi vida. No sé cuánto tiempo pasó cuando sentí a Cuquis frente a mí, riéndose y hablando a la vez. Sus palabras eran de gozo y repetía lo feliz que estaba de verme ahí. Mencionó que Dios me quería para él, me llamaba a seguirlo desde mi vida y vio en mi alma la disposición de decirle *Sí*. Al escucharla, mi cuerpo se estremeció pues experimentaba una sensación tan fuerte al punto que las lágrimas de felicidad corrieron por mi cara.

Más adentrada la noche, los niños se fueron quedando dormidos uno a uno. Era increíble ver cómo Dios los cuidaba pues del techo de la capilla, bajaban alacranes y arañas. La capilla sólo tenía un foco y era la única luz de todo el lugar el cual estaba ya completamente obscuro. Los papás solamente tendían una cobija en el piso y los acostaban tan confiados de que no pasaría nada, y así fue, no pasó nada. A las 6 de la mañana se fueron levantando como si se hubieran puesto de acuerdo. Con sus manitas levantadas para estirarse y sus caritas emocionadas de verse en ese lugar, uno a uno se iban incorporando. Esa vivencia fue un momento importante en mi vida, fui testigo de una escena maravillosa: los niños acurrucados entre cobijas en el suelo y ver cómo levantaban sus brazos para estirarse al momento de despertar. ¡Qué agradecida me sentía con Dios por haberme permitido presenciarlo!

Recordé al grupo de apoyo *Niños del paraíso*; ellos eran los niños del paraíso, representaban lo que imaginaba: la dulzura, la inocencia y, a la vez, la perversión de la sociedad pues es palpable verlos como víctimas de la pobreza, a pesar de todo, son sumamente felices, lo cual vino a romper esquemas y paradigmas que me acompañaron durante años, pues la felicidad se respiraba en esa noche, "familias unidas con un sentido grande de comunidad".

Al finalizar, me despedí de cada uno de ellos con un abrazo y me preguntaban si regresaría, y con toda la certeza les dije: sí. Fue un parteaguas en mi vida, un antes y un después, ahora más que nunca encontraba respuestas a tantas preguntas que me hacía, ¿cuál es mi misión en la vida? Constantemente preguntaba a Dios sin éxito pues Él callaba, ahora la gritaba todo mi ser, *ayudar al prójimo, siempre y en todo lugar.*

Regresé transformada a casa. Como siempre, Dámaso esperaba atento mis narraciones, nunca negándose a escucharme y entre lágrimas le conté todo lo que horas antes había vivido, y sólo me dijo: *¡Qué gusto me da verte tan feliz, ojalá de verdad logres hacer cambios en la vida de algunas personas!* Nuevamente sentí la necesidad de escribir (es un impulso más fuerte que yo), cada momento de reflexión viene junto a un sentimiento de plasmarlo en las hojas y lanzarlo al mundo, es tan grande lo que experimento que si lo guardo para mí, soy capaz de explotar en mil pedazos.

A la semana siguiente ya estaba esta carta circulando por internet, ahora se las comparto:

Hola:

Este sábado pasado fuimos Mary (mi hermana) y yo, al tiradero de Matatlán que es donde llevan toda la basura de Tonalá. Fuimos invitadas por un grupo de personas que van a darles catequesis y como el sábado se festejó el día de Pentecostés se iban a quedar toda la noche en la capilla (que está dentro del tiradero). Nosotras las apoyaríamos llevándoles dulces, chocolates y botana. Cuando me lo comentó Mary me dio mucha emoción ir con estas personas, pero cuando se hizo realidad, pues ya íbamos en el carro rumbo al tiradero; mi corazón estaba latiendo y pude experimentar el temor de ir a un lugar desconocido y con referencias nada agradables.

Al momento de llegar me impacté de ver cómo vive la gente; entre toda la basura (que son toneladas) están sus casas, chozas hechas de cartón con plástico; la mayoría de los niños completamente sucios, corrían felices entre la basura, se me acercaban con una sonrisa y se mostraban muy cariñosos, yo que tengo el sentido del olfato sumamente desarrollado no me molestaba el mal olor, para mí es parte del milagro que viví, estaba entre basura, rodeada de niños que quizá tendrían semanas sin bañarse y el olor no era impor-

tante.

Estuvimos desde las 4 de la tarde hasta las 7 de la mañana del día siguiente, conviviendo con todos y viviendo el Pentecostés. Para mi es una de las mejores experiencias de mi vida; un antes y un después; estaba entre los más pobres de los pobres, como decía la madre Teresa de Calcuta, y me sentía tan dichosa y orgullosa de poder sentarme junto a ellos. Son personas tan educadas, tan sensibles y tan agradecidas con Dios por todo lo que les ha dado, el sentido que tienen entre ellos es de unión, de solidaridad, realmente un ejemplo de vida.

No tienen luz, ni agua, cocinan con leña y tienen que acarrear agua. Los niños comen y duermen entre basura. Pero lo más importante es que son niños felices. Todos se fueron quedando dormidos conforme pasaba la noche, pero despertaron para la misa de 6 am; me encantó su entusiasmo y su devoción por Dios. En ese momento tomó sentido el nombre que lleva el grupo de apoyo "Niños del paraíso". Entendí que ellos eran unos dignos representantes del nombre, son nuestros niños del paraíso.

Qué sensación tan hermosa saber que estás en el lugar correcto. No podía dejar de compartir esto con ustedes, este escenario surrealista de la vida. ¿Cómo poder explicarles mi experiencia, pues no existen palabras suficientes para decirles lo maravilloso que fue? Sólo sé que anhelo regresar y espero que no sea con las manos vacías, pues las necesidades son...TODAS. ¡Un abrazo!

Adriana

Gran número de personas llamaban diciendo que ellas querían cooperar con algo. Nuevamente veíamos cómo son gente caritativa, tan sólo basta mostrarles la necesidad del otro para que con mucho gozo se sumen a la ayuda. Regresamos varias veces al vertedero y efectivamente nunca fue con los brazos vacíos. Las posadas, Día del niño, la Venida de la Virgen de Zapopan, Rosca de Reyes, Primeras comuniones, eran simples pretextos para llenarlos de dulces, comida, pasteles, galletas, cuanta cosa podíamos y despedirnos con un fuerte abrazo, siempre con la esperanza de poder regresar.

En uno de esos eventos íbamos Mary, Marifer, mi sobrina y yo rumbo al tiradero con el carro cargado de donativos. Durante el camino, Mary comentaba la preocupación de mi papá porque asistíamos a ese lugar, ya que como médico, conoce el riesgo de infecciones pues los virus y bacterias están en el aire. Mi papá, se lo hizo saber a Mary argumentando que ella es más prudente que yo y de verdad, se angustiaba de saber el peligro en el que estábamos. Mientras escuchaba a Mary contándome lo que mi papá le había dicho, imaginaba los riegos que corríamos pero no superaban al amor tan grande que nos movía a seguir en ese lugar. La decisión que tomamos fue simplemente cuidarnos: tratar de no llevarnos las manos a la cara, usar gel antibacterial al momento de salir del tiradero y cambiar inmediatamente nuestra ropa antes de estar con nuestros hijos.

Ese día tardamos más de una hora en llegar, el tráfico era imposible. Al momento de ingresar a la capilla ya estaban esperándonos algunas personas. La señora Lupita fue la primera en recibirnos, una pepenadora que constantemente se acercaba a platicar conmigo. Su hija Nallely, una niña de 6 años, muy cariñosa y extrovertida, no se despegaba de mi lado cada que asistía. En esta ocasión estaban muy arregladitas, se encontraban recién bañadas y cómo no estarlo si tenían una noticia que darnos: *¡Por fin compramos una estufa, ya no cocinaremos más en leña!*, nos comentó sonriente. Con gran alegría nos platicó que se la acaban de entregar y nos invitó a su casa para mostrarla. Me sentí sumamente halagada pues no es común que te abran las puertas de su hogar. Le respondí que con mucho gusto, al terminar el festejo iba con ella y así fue.

Me rodearon muchos niños que tomaron mi mano y fueron mis guías. Cuando caminaba rumbo a su casa, sentía emoción de ir a conocer por dentro esas chocitas hechas de basura. Llegué y ya me esperaba Lupita. Entré y era notorio que la había arreglado. Recuerdo que era época de temporal de lluvia, y el lodo hacía muy resbaloso cada paso. Al momento de entrar Nallely cayó llenándose toda de lodo y volteándome a ver me dijo: *¡Es que es imposible que no se meta el agua!* Se paró toda embarrada y se puso a jugar como si nada. A mano izquierda se encontraba la cocina, un lugar muy pequeño y con gran emoción me mostró su nueva estufa que era una parrilla de gas cubierta con papel aluminio. Me dio mucha ternura ver que algo tan sencillo causaba en toda la familia gran emoción y esperanza. A su lado tenía una hielera que hacía la función de un refrigerador. Un comedor sumamente viejo que habían rescatado del basurero con las patas rotas, era el lugar donde a diario reunía a su familia para darles de comer. Sobre la mesa, un florero de plástico decoraba el ambiente haciéndolo encantador. A un costado estaba su sillón rojo sucio y destartalado cubierto de una sábana limpia. Lupita emocionada y sumamente orgullosa seguía mostrándonos su casa; nos pasó a la recámara y dentro tenía una cobija colgada la cual dividía la recámara, separaba la cama de los niños de la de los padres.

La cama de sus tres hijos era matrimonial pero justo en medio, había una gotera gigantesca y un balde sobre el colchón, evitaba que se mojara, por lo tanto, los niños tenían que dormir todos de un lado para no tumbar el balde. La cama de los papás estaba tendida con una colcha floreada y en la orilla muchas cobijas dobladas, es común que las personas se las donen por lo que al menos frío no pasan. Le pregunté dónde estaba su baño, señalando, me dice: *ahí*. Volteé un poco extrañada pues prácticamente ya no había lugar en esa pequeña choza, pero justamente al fondo, dividido por unos ladrillos, se encontraba un balde con una bolsa cubriendo el fondo. Ése era su excusado y esas bolsas las van depositando en un tambo en la parte de afuera de la casa.

Entre todos los pepenadores construyeron unos baños para toda la comunidad, pero estaban tan sucios, que la gente prefería seguir usando sus baldes. El servicio de agua no es diario. Pasa una pipa para llenarles sus tambos azules que tienen frente a su ingreso y cuidan de ella muy bien pues no es nada barato. Para alumbrar tienen velas y linternas. Deben manejarlas con mucho cuidado pues en otras ocasiones ya se han incendiado sus chozas.

Salimos de la casa para continuar el recorrido. En la parte de atrás, Lupita había sembrado plantas de chile y hierbas para darle sabor a su comida. Ella amablemente me ofreció cortar los chiles que quisiera para llevarlos a casa, tomé uno de cada planta y los guardé agradeciéndole el regalo. Nuevamente ingresamos a la casa y nos sentamos en el viejo y sucio sillón; nos ofreció tomar un refresco, sacó de su hielera una Coca y en vasos de vidrio limpios nos sirvió la bebida. Fue inevitable traer a mi mente lo que mi papá nos había dicho de las bacterias y los virus, pero Lupita lo hacía con tanto gusto que era imposible negarme, así es que feliz me tomé el refresco.

Nallely nunca dejó de estar tomada de mi mano y al momento de despedirme, me dijo: *¿Quieres ser mi madrina de confirmación?* Me sentí tan halagada por la invitación, pero a la vez tan comprometida por saber la responsabilidad que eso implica. La miré con ternura y le respondí: *¡Nallely es mejor que escojas a algún familiar,* *pues si por algo dejo de venir al vertedero no me perdonaría dejarte sin madrina!* y le propuse ser su madrina de corazón a lo que no muy contenta contestó: *¡Está bien, madrina de corazón!* Desde ese día cada vez que llegaba, corría gritándome: *¡Ya llegó mi madrina de corazón!*

Mis niños del paraíso constantemente me dejan innumerables aprendizajes. Acababa de pasar la cuarentena de Dámaso (mi segundo hijo) y era la primera vez que lo dejaba al cuidado de otra persona, pero no podía faltar a la posada de Matatlán. Le pedí a mi suegra el favor de cuidarlo unas horas y dejé una pañalera con todo lo necesario. Me cambié emocionada con mi ya acostumbrado atuendo, unos pantalones de mezclilla, mi blusa café con el logo de FRANCARE y mis botas cafés. Al momento de entrar a la capilla me detuve en una escena que traspasa mi alma, no pude dejar de observar a esa mujer amamantando a su recién nacido. A continuación les comparto mi reflexión:

> *Hoy mi corazón se encuentra con profunda tristeza. Llegué al Tiradero con la ilusión de siempre. Entré a la capilla en medio de la misa y en silencio recorrí el lugar con la vista para hacer contacto con todos los presentes, de pronto me detuve en una señora con un bebé en brazos dándole pecho. La señora, que no tengo idea de qué edad tenía pues su piel completamente deshidratada delataba bastante edad, estaba sucia y mal peinada sosteniendo a su hijo recién nacido con*

una cobijita vieja. Yo acababa de dejar a Dámaso con ropa limpia, con una pañalera llena de biberones y un cambio de ropa extra por si se necesitaba. Qué diferencia entre esas dos criaturas que están comenzando a vivir, qué diferentes realidades en dos entornos opuestos. Me acerqué a la señora y viéndome a los ojos me pidió revisara a su niña (que parecía niño pues su ropa era de hombre) porque la notaba enferma. Toqué a la bebé y al ver su carita tan hermosa no pude evitar recordar a mi hijo; esta niña tenía la cara sucia, sus oídos con costras de mugre y su ropita vieja... Al tocarla comprobé que tenía calentura. Qué impotencia saber que tu hijo está enfermo y no tener la posibilidad siquiera de comprar una medicina.

Salí del Vertedero y tan sólo quedé en conseguirle ropita de niña y despensa. Regresé a mi casa completamente conmovida, al contarles lo sucedido a mi esposo de la intención de pedir ropita y despensa, me contestó: ¡Pero con eso no se soluciona nada! Nuevamente el corazón latiendo adolorido pues tienen razón, pero me siento perdida en medio de tanta pobreza, seis hijos que alimentar, abandonada por el marido, y recogiendo cartón y plástico para subsistir. Ahora me pregunto, ¿en dónde está la falla?, ¿Por qué tanta pobreza y desigualdad? En medio del silencio lo único que recuerdo es lo que decía la madre Teresa de Calcuta: "El pobre no necesita nuestra lástima, sólo necesita nuestro amor y comprensión".... Hoy decidí amar a esta familia como si fuera la propia, si lo hago bien o lo hago mal quedará en mi corazón al menos la satisfacción de que lo hice por amor.

Así es mi caminar entre los más pobres; pongo mi corazón de por medio, no sé si logre cambiar alguna vida pero es un hecho que la mía, ya cambió.

Capítulo X
VALENTINA

Yo cuido de tus hijos mientras tú cuidas de los míos.

Cuando dejas de ver tus propias carencias para ver al otro e ir a su encuentro, te das cuenta que lo difícil fue dar ese primer paso, de ahí que lo demás, será mucho más sencillo pues la recompensa es tan grande que no querrás dejar de hacerlo.

Es común escuchar la palabra altruismo, y es cierto que es muy importante encontrar personas quienes busquen el bien del otro de manera desinteresada, sin embargo me es más grato pensar, en que no sólo se busque el bien inmediato, sino algo en trascendencia, como por ejemplo a través de la intercesión, la amabilidad, el despertar de consciencia; son acciones sutiles que trasforman vidas.

Vivimos en una sociedad apática y cansada que dice:

ya es suficiente con mis propios problemas como para todavía pensar en lo ajenos. Ésta es la mentalidad actual pero aquí viene una propuesta diferente: *Alegraos con los que se alegran; llorad con los que lloran* (Romanos 12, 25).

Vivir la vida junto al prójimo, es dejar de lado nuestros propios problemas, levantar nuestra mano para tendérsela al necesitado, es justo en este encuentro donde la humanidad se vuelve una y las necesidades se hacen pequeñas.

La vida no te asegura siempre el mismo lugar, a veces serás tú, quien tienda la mano al necesitado, pero en muchas otras ocasiones, será a ti a quien le ayudarán y acompañarán en algún proceso difícil de la vida.

Pero ¿cómo empezar a hacerlo vida? Desde ahora, sólo basta decidirse para emprender el camino del amor al prójimo. No vas solo, Dios camina junto a ti y te recuerda en cada momento, *Yo cuido de tus hijos mientras tu cuidas de los míos.*

En las siguientes líneas, serás testigo de que Dios, no se limita en demostrarnos su amor. Te comparto mi vivencia, la cual recuerdo con mucho cariño.

A las 5 de la tarde del domingo 29 de marzo, recibí la llamada a la habitación del hospital para avisarnos que había terminado la operación de Valentina (mi hija) y nos esperaban en el área de quirófanos para darnos la información de su estado de salud. Rápidamente salimos Dámaso y yo, seguidos por mi papá y Tito, mi hermano; al llegar nos recibieron los médicos vestidos aún con su ropa de quirófano que al verlos así, me causaron gran impresión. La doctora traía en su mano un recipiente con la apéndice de Valentina y mostrándola, comenzó a explicar que al abrir, se percataron que estaba perforada y se le retiró 6 ml. de pus; fue considerada como apendicitis aguda complicada.

La anestesióloga hablaba con Dámaso para decirle que requirió ser entubada para la anestesia general; todo esto lo escuchaba como en un sueño y por una ventana veía a Valentina en la sala de recuperación. Las palabras de la doctora fueron alentadoras y llenas de esperanza, aunque no lograba entender al 100% lo que estaba sucediendo. Habían pasado muchos días donde la angustia iba y venía, y el saber que por fin se había hecho algo, era motivo para encontrar paz en medio de la tempestad.

Desde el sábado 21 de marzo, Valentina comenzó con dolor en el estómago. A la 1:00 de la tarde, la llevamos a revisar y tan sólo presentaba síntomas de indigestión. Por la noche, los dolores eran cada vez más insoportables así es que decidimos llevarla a urgencias donde el diagnóstico fue gastroenteritis. Le recetaron antibiótico para la infección y después de inyectarla para contrarrestar el dolor, logró descansar.

El domingo por la tarde, nuevamente tuvo un dolor terrible y volvimos a emergencias donde le practicaron una tomografía, con lo que se descartó apendicitis y se corroboró gastroenteritis. De nueva cuenta le inyectaron medicamento para el dolor y la llevamos a casa. En los días siguientes presentó momentos de mejoría pero el dolor intenso iba y venía. Nunca tuvo fiebre por lo que descansaba cuando la veía tranquila y mi angustia regresaba cada que gritaba: *¡Por favor mamá ayúdame!* Creyeron los doctores que tenía una fisura anal y comenzamos con otro tratamiento; la explicación a esos dolores repentinos es que eran causados por cólicos.

El viernes viajé a la Ciudad de México para acompañar a Dámaso pues recibiría un premio importante de manos del Presidente de la República, por lo que dejé a Valentina con mis papás. Fue inevitable pensar cómo la vida nos muestra al mismo tiempo momentos agridulces. Por teléfono, mi mamá me contó que Valentina estaba bien, incluso había pedido una paleta de hielo; esa noticia me dio mucha tranquilidad.

Supuse haber pasado lo peor y que el tratamiento había surtido efecto. El sábado, antes de regresar a casa, visitamos a la Virgen de Guadalupe en la Villa. Cuando entré al majestuoso Santuario, vi que en un muro estaban tres cuadros colgados, curiosamente dos de ellos correspondían a mis santos preferidos: san Padre Pío y la beata Madre Teresa de Calcula; en medio de los dos, estaba el cuadro de una beata que no conocía. Seguí caminando pero algo hizo que regresara la mirada pues sentí como si alguien me estuviera viendo fijamente. Al voltear me di cuenta que me habían hecho regresar los ojos de la beata María Inés, del cuadro de en medio que antes no conocía. Con curiosidad me acerqué y le dije: *Ya regresé, ¿por qué me hablaste?* Bajé la mirada y había un cuaderno para hacer peticiones. Tomé la pluma y le pedí intercediera por la salud de Valentina pues había tenido fuertes dolores y deseaba verla sana.

Saliendo de ahí, nos dirigimos al aeropuerto para volver a Guadalajara. Después de un largo viaje y una eterna demora, llegamos en la noche por Valentina y me encontré con la triste sorpresa de verla con mucho dolor y temperatura de 39.6 Por primera vez presentaba este síntoma lo cual era indicador de que las cosas no estaban mejorando. Por la mañana me comuniqué con Berenice Limón, una amiga doctora para que me recomendara a un gastropediatra. Obtuve el dato de una amiga de ella, quien justo ese día, estaba de guardia en emergencias pediátricas.

Dámaso conducía y yo llevaba en brazos a Valentina, sin quejarse me tomaba de la mano pero cada que le regresaba el dolor, la apretaba fuertemente. Llegamos al hospital del IMSS y la doctora nos atendió a pesar de que Valentina no es derechohabiente. La revisó mientras nosotros narrábamos la historia de dolor desde hacía más de 8 días. Nos dijo sin mayor rodeo: *¡No me gusta su cuadro, esto ya no me corresponde, este caso es para cirujano pediátrico!* Inmediatamente la pasó para hacerle estudios de sangre y rayos X. Dámaso cargaba a Valentina mientras yo esperaba afuera.

Fueron momentos de mucha desesperación y mientras caminaba por todo el lugar sin sentido, intentando calmarme y no llorar, mandé cuanto mensaje pude por medio del WhatsApp para pedir a mis amigos, que se unieran en oración por la salud de Valentina. En un diálogo con Dios, le pedí la cuidara y sanara. En ese momento vino a mi mente las veces en que yo había dado palabras de aliento a mamás con sus hijos enfermos pero es muy diferente vivirlo en carne propia.

Después de más de una hora, me llamó Dámaso porque la doctora quería darnos la noticia a los dos. Entré al consultorio con la cara desencajada. Nos dijo que traía sus niveles muy alterados, su cuerpo se estaba defendiendo de algo y era necesario intervenirla. Fue cuestión de minutos cuando ya estábamos en el Hospital Versalles donde nos encontraríamos con la doctora Leticia Santana, cirujano pediátrico, quien daría, el diagnóstico tan esperado. Repetimos la historia por cuarta vez sólo que ahora sí obtuvimos respuesta: *¡Hay que operar de una apendicitis aguda complicada!*

Descansé al saber el diagnóstico, y por más doloroso que resultaba, al menos ya sabía lo que tenía. Mandé nuevamente mensajes pidiendo intercedieran por Valentina. El poder de la oración actuaba de manera inmediata. Permanecí serena diciéndole a Valentina que por fin se le quitarían sus dolores y ella muy valiente, a pesar de su situación, lucía tranquila; así es su carácter.

Llegó el momento de despedirme. Le di la bendición y le dije: *Valentina, ofrece tu dolor por todos los niños enfermos, pídele a Dios, a la Virgen y a tu ángel de la guarda que no se separen de ti en ningún momento.* ¡Qué palabras tan duras para una niña de 8 años! Vi a la enfermera llevársela en una silla de ruedas con su bata de hospital y un gorro en la cabeza. Las seguí con la mirada por el pasillo hasta que desaparecieron al cerrarse la puerta. Mi sentimiento fue de paz porque su dolor cesaría en cualquier instante.

Nos asignaron una habitación a la cual nos dirigimos, junto con mis papás, para esperar a que terminara la operación. Cuando subí las escaleras, me percaté que la habitación era la misma donde 8 años atrás, había recibido a Valentina en su primer día de nacida. Abrí la puerta y llegaron a mi mente escenas como fotografías de aquellos maravillosos momentos a su lado. Recorrí el lugar esperando encontrar algo y fue desolador confrontar mi realidad. Me senté en la cama y miré mi celular pues no dejaban de llegarme mensajes de amigos y familiares con palabras de aliento. Todos estaban en oración por la salud de Valentina. Llamó mi atención un mensaje que me hizo regocijarme ante tal situación, era de mi amigo fray Salvador, él me decía: *Adriana felicidades, es la hora de la misericordia, dichosos ustedes que el Señor elige esta hora.* Agradecí enormemente su mensaje, pues por más de 3 años acudí a rezar la Coronilla de la Divina Misericordia en María+Visión, los sábados en punto de las 3 de la tarde. Me recordó que Dios no se queda con nada, que la vida te devuelve todo y ahora en este momento, donde mi hija estaba en sus manos, él me cumplía su promesa.

La operación duró dos horas aproximadamente pero

para mí, fueron tan sólo 15 minutos. Al momento de que la llevaron al cuarto para su recuperación, me paré frente a su cama y mirándola a los ojos, pensé en tantas cosas y sólo podía agradecerle a Dios por tenerla ya conmigo. Fueron días difíciles en su estancia en el hospital, el proceso fue lento y con mucho dolor; sudaba y gritaba, me partía el alma verla así.

Un amigo del colegio de Valentina, quien desde más pequeño ha manifestado su interés por ser sacerdote y ha afirmado será el primer papa Mexicano, rezó constantemente por ella. Fue a visitarla al hospital pues le insistió a su mamá que quería ver a su amiga. Cuando llegó a la habitación, volteó a la cama para saludarla pero de inmediato bajo la mirada. Su mamá le decía: *platica con ella* pero él mirando al piso y un poco nervioso, tomó el celular para jugar. A mí me causó risa verlo tan penoso.

Valentina salió del hospital el jueves, después de transcurridos 5 días de su operación. Regresamos a casa con mucho temor de una recaída, por lo que me encontraba francamente asustada y ya no quería ver a mi hija sufrir. Cada día era muy notable su mejoría y fue muy emocionante verla sonreír nuevamente.

Por la tarde del viernes, un día muy especial al ser Viernes Santo, me sentía nostálgica y reflexiva al recordar la muerte de Jesús. El cielo estaba nublado y la casa la teníamos a media luz, en el aire se respiraba tristeza. En mi celular recibí la llamada de mi amiga, la mamá del amiguito de Valentina, pues tenía algo muy importante que decirme. Con la voz entrecortada me platicó que su hijo le había contado un secreto: al entrar a la habitación del hospital y observar la cama, vio que estaba un gran ángel sentado al lado de Valentina pero no era cualquier ángel, era un enviado de Dios muy especial, era el arcángel San Rafael, él estuvo a su lado todo el tiempo, Valentina estuvo muy malita pero ya está bien. Le confesó que por eso, no pudo verla a los ojos y agachó la mirada, fingió que estaba jugando en el celular para disimular y le dijo, *—¿Sabes por qué se enfermó Valentina?, —¿Por qué? —contestó mi amiga, —¡Para que la gente que está a su alrededor entendiera; dicen tener mucha fe y a la primer prueba les da miedo!* Mi amiga continuaba su narración y yo no podía contener las lágrimas. *¡También me dijo Dios, que él envió a su arcángel San Rafael para cuidar de ella, Dios cuida de sus hijos, mientras ellos cuidan de los suyos!*

Yo no podía creer lo que estaba escuchando, sentía una inevitable tristeza acompañada de esperanza, gozo de saber que estaba sana y vergüenza de darme cuenta de mi poca fe, me estaban repitiendo y confirmando lo que días antes en la noche de las luciérnagas (una cena que organizamos para recabar fondos para niños enfermos), Carmelita Flores, una amiga intercesora me había dicho: *Adriana, no te preocupes por tus hijos, en oración Dios me decía, dile que yo cuido de ellos, mientras ella cuida de los míos*. Entre sollozos, terminamos la llamada.

Realmente conmovida, me puse a investigar quién es

el arcángel San Rafael y para mi sorpresa, es nada más y nada menos que uno de los predilectos de Dios. Su nombre significa *medicina de Dios*, pues es invocado en las enfermedades del alma y del cuerpo. Consternada y profundamente agradecida, me acerqué a mi valiente hija y le di las gracias por ser quien es.

En días pasados publiqué en mi muro de Facebook unas sabias palabras del padre Cipriano Sánchez: *No te acostumbres al milagro que es Dios. No pierdas la capacidad de apreciar lo que significa la presencia de Dios en tu vida.* Si volteamos hacia atrás es fácil darnos cuenta de todos los milagros que Dios ha hecho en nuestra vida, no hay que perder esta capacidad de apreciarlos, de valorarlos y sobre todo de creer en ellos, es la diferencia de una vida milagrosa y bendecida. Es por eso que comparto con todos ustedes este milagro. Podría pensar muchas cosas pero me queda claro que Dios no abandona, que él cuida de los míos mientras yo cuido de los suyos. En los momentos de angustia, sólo pude repetirle lo que hace tiempo le prometí: *Mi vida es para tu servicio a través de mi prójimo.*

Estoy eternamente agradecida con todos los que se unieron a nuestra familia en oración y por todos aquellos que se tomaron el tiempo de visitarla y arrancarle una sonrisa. Decir GRACIAS, resulta insuficiente.

CONTACTO CON EL AUTOR

Es muy importante para mí estar en contacto contigo, saber tus comentarios y escuchar tus inquietudes.

Estamos juntos en este juego llamado vida, donde nos toca ser partícipes de innumerables vivencias que marcan nuestro destino, a veces estamos arriba palpando el Cielo y otras más nos toca pisar los terrenos más bajos, ¡Simplemente es inevitable dejar de vivir!

Espero que estas líneas hayan sembrado en tu corazón la alegría por la vida aún a pesar de las circunstancias. Si en el pasado tomaste una mala decisión, no te preocupes, Dios te regala un día más para enmendar tus errores.

Juntos podemos lograr grandes cosas.

Siempre contigo.

Adriana Ruvalcaba

Facebook: Adriana Ruvalcaba
Mail: adrianaruvalcabaoficial@gmail.com

SER
Editorial

www.ingramcontent.com/pod-product-compliance
Lightning Source LLC
LaVergne TN
LVHW091209150826
845672LV00005B/1293

* 9 7 8 6 0 7 9 7 0 5 5 3 4 *